淘宝转微商，正在风口

马　涛　著

机　械　工　业　出　版　社

本书是针对移动互联网时代电商发展新需求编写的一本实用型电商运营书籍。作者结合大量实例和自身对电商发展的理解向读者介绍了一套从淘宝电商向微商转型的切实可行的方法。全书分为四个部分，分别是：淘宝成交客户导入到微信复购、创建自己的微品牌、如何快速建立批发代理体系和以电商规律展望微商未来。

本书适合那些想从淘宝店转战微信平台的电商阅读，同时也对现有微商提升运营水平具有指导意义。

图书在版编目（CIP）数据

淘宝转微商，正在风口／马涛著．—北京：机械工业出版社，2015.7
ISBN 978-7-111-50876-2

Ⅰ.①淘…　Ⅱ.①马…　Ⅲ.①网络营销-基本知识　Ⅳ.①F713.36

中国版本图书馆 CIP 数据核字（2015）第 184711 号

机械工业出版社（北京市百万庄大街 22 号　邮政编码　100037）
策划编辑：丁　诚　　责任编辑：丁　诚
责任校对：张艳霞　　责任印制：李　洋
三河市国英印务有限公司印刷
2015 年 8 月第 1 版·第 1 次印刷
169 mm×239 mm·11.25 印张·168 千字
0001— 6000 册
标准书号：ISBN 978-7-111-50876-2
定价：39.00 元

众星推荐

微商的本质是社交电商和微信上的零售，它与直复式营销的本质非常相似，所以用直复式营销的道去御微商的术是非常高效的策略。马涛老师是电商领域的直复式营销集大成者。本书同样会让大家在微商领域明道优术。

视界商学院、营销极客商学院创始人，营销极客　李东阳

如果你还在淘宝的领域里厮杀，如果你还没在微商站稳住脚，如果你想在移动互联网地盘拥有一张王牌……那么，去用心读读马涛老师的这本书《淘宝转微商》吧，这是一本难得的从淘宝成功转型微商的实战类书籍。

广州本泓生物科技有限公司总经理　张晓莉

微商崛起，是意外还是必然？那么淘宝电商如何应对？看了马涛老师的书，豁然开朗，全新视角，值得一看。

口袋世界创始人　道长

淘宝最贵的是流量，微商最贵的是情怀。马涛老师此书不仅取长补短，并且将微商的赚钱原理和实用技巧相结合，干货十足，值得推荐。

中国微信营销协会特邀讲师　杨镇

我从大学毕业做淘宝就一直看马涛老师的书籍，至今做淘宝已经三年多了。早期电商主要是以淘宝平台为代表的电商模式，如今社会化媒体迎来变现转化的最好机会，微商是基于移动端社交工具（微博、微信、QQ 空间、YY 语音、陌陌等）建立个人品牌的信任产生交易，

微商时代的到来让草根有了逆袭的机会，微商已成为大众创业最受追捧的平台！时代在变，机会也在转移！

华南六少联合创始人，农友会创始人　勤劳农哥

我是马涛老师第一批淘宝学员，也是马涛老师的忠实读者。马涛老师的书有三个特点：首先是文风很朴实，读起来很舒服；其次，思路清晰，逻辑性很强；第三，也是最重要的，很接地气，实操性强。

VEIKOOU 威裤旗舰店　任吉鹏

从《淘营销》到《淘品牌》，再到《淘宝转微商》，世界上唯一不变的就是变化本身。营销，即是如此。这是马涛沉淀数年的力作，字字珠玑，补苴调胹，值得拜读！

新知网、升业绩联合创始人，自由投资人

臧艺祥（网名：翻滚 de 土豆）

成功不是做自己喜欢做的事，而是要做好该做的事！微小的积累，可成就大商之道。

天猫店主　林祖森

我有一位朋友，做淘宝护肤类产品，月销售额50万元，还不满足。他想拓展渠道，恰逢老马这本书初稿完成，于是将内容告之。最近，他告诉我，按照这本书的方法去做，公司的微商流水已经超过了淘宝流水。老马的这本书，讲的不是微商理论，是实操细节，是实战方法，是淘宝结合微商，是最接地气的教程。

业界公认文案高手，原脑白金策划团队骨干　刀歌

这是一本以“用户”为核心而建立的全体系运营的好书，融合了作者多年的实战经验，可谓是站在了社交化电商的趋势前沿。如果你是电商企业的操盘手，那么这本书不容错过。

御宝羊奶电商运营总监　宫正坤

一直是马涛老师的忠实读者，一直很期待《淘宝转微商》这本书。最近身边很多做淘宝的朋友都转做微商了。微商这么火，可是无法入门。当知道马涛老师正在创作这本书的时候，很激动，微商时代，我也不能落后，支持马涛老师！

点淘电商创始人　黄帅

淘宝卖家当下的唯一出路是增强新客户的粘性，维护好老客户的复购，这本书将帮助卖家走出淘宝低粘性的瓶颈区，冲破淘宝封闭式的生态圈，淘宝与微商相互结合才能让新客户快速沉淀，从而提高新客户成交率和老客户的复购率，马涛老师这本书值得任何一位卖家细细品读。

@微商吸粉狂人，淘宝赚校长　一米

大多数人想要改造这个世界，但却罕有人想改造自己。马涛老师是我见过里面很有智慧思维敏捷的人，在圈内被称为智囊团。

陕西开天电子商务股份有限公司、
陕西天元企业管理咨询有限责任公司、
韩城市天元电子商务有限公司、
韩城市开元车城有限责任公司
法人及创始人
翟斌（网名：8月22号）

初识马涛老师是在一次主题沙龙的活动上，有幸拜读了马老师写的《淘品牌》《淘营销》这两本书，由于我们共处一室，有机会聊了很多关于微营销的话题，获益匪浅！没想到这么短的时间里马老师又一力作《淘宝转微商》即将面世了，希望给朋友们带来全新的营销模式。

中联世纪文化艺术发展有限公司董事长　朱庆华

作为国内淘宝营销领域的权威，马涛老师对任何事总能一言以蔽之，对于微商和淘宝的总结更是滴水不漏，在沉寂的这几年里他把推倒重来好几遍、并验证正确实有效的内容全部浓缩在了《淘宝转微商》

这本书里，随便翻上几页你就会发现它的与众不同之处。如果你是淘宝店主或是想进入移动互联网的传统企业主，你一定要反复研读，因为你不仅仅能从中得到营销的“术”，更能体悟到微商的“道”。

三欧网络科技、粉丝聚变系统创始人　范士武

此书介绍了大量的干货，分析了未来的趋势，看过后一定会让你在微电商这个领域有所收获。总之一句话：跟着马老师，就会有肉吃。

淘宝店主、本书第一章主人翁　飞来飞去的空姐

这是一本让淘宝卖家尖叫的书，一本从PC电商转移动社交电商的实操手册！

互联网阿胶糕领导品牌“张药师”创始人　曾钧

如果要问2015微商圈最值得期待的书籍，那么非《淘宝转微商》莫属，标题里面每一个观点都抓住了广大微商圈和电商圈的痛点，这本书无疑是微商圈和电商圈最激烈的一次思想碰撞。

青山俱乐部创始人　胡应邦

马涛老师从淘品牌到微品牌，一直身体力行地培育中国原创品牌。《淘宝转微商》利用微信这个庞大的流量入口，对品牌从建立到培育到引导壮大，进行了更详尽的诠释！我相信，这本书对中国原创品牌的发展会起到不可估量的作用！

朗捷品牌设计创始人　绳召阳

微商已经成为一种全新的低成本、高效果的创业方式，微商，开启了手机营销自动化、最大化的时代。马涛老师的作品，对于想从事微商行业的朋友来说，至关重要。

@颠覆式网络营销创始人　郑俊雅

马涛老师是淘营销领域大牛，最懂淘宝卖家，本书是迄今第一本为淘宝卖家量身定制的微商实战秘笈，它不止告诉你为什么一定要做

微商，更通过大量案例和实战干货告诉你怎么样才能做好微商！

时尚情趣品牌 LifeEngines 擎趣创始人　沈志勇

从淘品牌到淘宝转微商，马涛老师始终关注成就品牌的大格局，本书不仅有学术性的理论探讨，更有从微品牌策划到运营火爆全过程的详细剖析，还特别对微运营中备受争议的分销及价格体系提出了许多实用建议，是电商和微商们不可不读的一本好书。

实战客服管理与培训专家　杜立

随着微商崛起，越来越多的卖家想从淘宝转向微商，但是始终找不到要领，马涛老师的这本书从微商的本质出发说明了目前微商成功的几种成功模式，能够帮助卖家更好地走向微商，为转型成功打了良好的基础，真心为卖家们感到高兴！

嗨推创始人　坏坏

知道马老师是从电影《夫子的淘宝梦》里，而见到他时是在一场微商牛人大会上。没想到他这么年轻，也许年轻对移动互联网的理解更犀利，更有“网感”。总之读人就像读书，人对了，书更好。

阳光菓子创始人　邱黎红

时代在发展，我们不能落后。这本书不仅讲了从淘宝到微商的发展趋势，而且还展望了将来的将来，可能从微信发展到其他平台的思路。总之这本书讲的思路很超前，值得一看。

升业绩工具创始人，潍坊升业科技有限公司 CEO

秦曙光（网名：加油）

我相信国内又将冒出很多实力大微商，仅因这本书的出现。

自由营销者　蔡侑霖

好书的意义在于指明道路，在于给读者开启一扇窗（窗外风景独好的，读者自然乐得多读几遍）……马涛老师自电商一线出发，跳出经纬看微商，值得多读几遍。

温州金州电商城总经理　王源（网名：偏执的帽子）

我是马涛老师的一名非常忠实的粉丝，做淘宝的过程中，《淘营销》是对我帮助最大的；而这本《淘宝转微商 》我相信也是目前为止，市面上最有价值，拿来就能运用到实战中的一本好书！

淘宝 5 皇冠卖家　王小帮

微商时代的来临，对传统企业和传统电商的冲击，你可能已经感受到了！《淘宝转微商》会给你很多启发和策略，你要做的就是执行！

大卫博士创始人　于常来

这是一个特别的公开大讲堂，一位善教、乐教的老师，正用他极高的教育和引导智慧，激发着同学们的探究热情，热烈地讨论着微互联是怎样从本质上催生出一个崭新的世界...... 在这里，我们看到的不只是微创商业指导理论，更多的是马涛老师用生动的深度案例激活课堂，让大家看清自己，找到答案，以更加积极的心态加入微创商业，开创属于自己的传奇！

汉润元合（北京）文化传播公司创始人　张艳

转型之阵痛，非一般人所能承受，转型之决心，非一般人所能拥有。马涛老师字字真切表达出个中滋味，并给读者一系列中肯的建议。一句话，要么就干，要么就别看！

上海洛基国际英语创始人　深圳前海基金董事　陈斌

淘宝与微商，其实最大的区别在于思维的转变，一个追求流量和入口，一个追求人的关系。从《淘宝转微商》一书中，其实我们看到了两者的相辅相成，让你更好的利用平台赚钱。一个转字道出了淘宝与微商的关系，这个就像左手和右手的结合，只有如此，方能赢在微时代。

超级畅销书作者王易，著有《微信，这么玩才赚钱》

草根常有而平台不多，10 年前马云为我们搭建了淘宝让一部分人从草根变成了凤凰，你兴许错过了，今天微信再一次为我们搭建了梦想的平台，马涛老师带你们起飞，你还有啥理由错过？

巾帼联盟创始人　范范

马涛比任何人都更懂如何从淘宝转微商，因为他本身就是一个从淘宝系转到微商的实践者。假如你在淘宝系遇到了瓶颈或正在苦苦挣扎。请不要错过这本书，它将告诉你如何摆脱现在的痛苦。淘宝系商家转微商的最大优势是有客户积累。如果你遇到了转变的烦恼，请不要错过这本书，它将告诉你怎么从淘宝玩转到微商。

曾任老人头品牌亚太电商总监，
ASF JEEP 品牌电商顾问，
德国 Geiger GmbH 品牌电商总顾问
杨少楠

我创业最穷的时候，一天只吃一顿饭，特别感谢淘宝、京东这样的“店商”平台，给我们这些“懂电脑”的年轻人创造了机会，让我实现财务自由，而微商，将给“懂手机”的人们一个更大的造富机会！此书就是微商的造富之路！就是“店商”在“微商”开疆辟土的启明星。

本书的中心点，就是转型做微商过程中，遇到或者正在遇到的难题。本书内容非常全面，做过微商的人深有体会。我尝试做过一点微商，哪怕我的淘宝系可以做得很好，微系也是还是从零开始，需要有这样介绍经验技巧的书。

吊丝逆袭的 80 后代表，国学机创始人　张宾

我从事电视购物，电商、微商一路走来，一直是马涛老师文案写作和营销策略的推崇者，并从《淘营销》《淘品牌》中获益匪浅。现在，这本《淘宝转微商》一定会让很多的淘宝店主们华丽转身，无论你是想做微商还是已经在做了，请读这本书吧。干货很多，只讲实战！

亚太微商协会会长，逍遥会创始人　法合

微信的伟大在于开放了“公众号”接口，微商的伟大在于改变了“商”的规则，现在是“人人微商挣钱”的时代！未来，微商结合公众号接口数字化管理分销关系，为此，微分销系统将成为微商的“核武器”。

知名讲师，微分销系统开发工程师　米高

从淘宝转微商，马涛老师用自己的亲身实践写出这本书，他是用生命在写书啊。不是纸上谈兵，更不是空中楼阁，那么，也许这本书就是淘宝卖家和微商的支点，给你一个支点，你能做点什么？

荔枝 FM“低成本女神养成计划”主播，知名自媒体人　施猫猫

马涛老师的新书《淘宝转微商》是一本可实操性极强的书，和一般的微信营销书不同，除了在“术”层面上的传授，作为营销专家，马涛老师集合了电商本质、鱼塘营销理论、品牌定位、超级符号在实操案例中的应用，给大家提供了一条在后微商时代的良性发展思路，是继《淘营销》《淘品牌》之后又一干货十足的电商作品。

“音乐人网”“果果娱乐”“舞尚界”品牌创始人　罗晓然

微信是一个非常好的转化成交平台，与电商平台的区别在于微信成交的客户都属于你而不是平台！这本书让你找到真正属于你的客户！

富网店商学院联合创始人，
说减肥健康学院创始人
修培洋（网名老朽）

微商是现阶段的热点，马涛老师的新书从思路、技巧以及经典的实战案例出发，以一个全新角度将电商和微商做了深度融合，使读者能够真正从中受益。

海课教育创始人，周六微商网校联合创始人　洪榕

互联网变化太快，现在的风口在微信，做错没事，不做就是错！要玩微信，少走弯路，马涛老师的这本书会很有帮助！

逐鹿工具箱创始人　逐鹿

我是通过《淘营销》这本书结识马涛老师的，如今我们已经认识五六年了，我非常认真地研读过这一本书。当时，作为一个网络新手而言，这本书为我展示了淘宝和互联网的本质，也为我以后进入阿里系、百度系提供了强有力的理论支撑和实践启发。

我于2012年创立了自己的品牌，并用五个月的时间成为全网前三，通过纯零售月销售额达到50万元。

2013年开始，微商异军突起，各路“诸侯”轮番上阵，新生品牌如雨后春笋般涌现，吸引了营销界的广泛关注。同时，朋友圈假货泛滥，拉人头现象也被广泛报道，这个时候《淘宝转微商》的横空出世必然能为淘宝系、微商系的各路英豪揭示真相、回归本质，继而为微商运营指明理论和实践的方向。

刘华成，颠覆团队创始人，微信号：7345544

一年前，拜读马涛老师的《淘营销》之后，我毅然辞去政府工作，继承了祖传糕团技艺而涉足淘宝，第一次成功地将父母坚守了一辈子的手作糕团卖向了全国。之后又因《淘品牌》助我成功创建了现有品牌。现在，马涛老师的又一新作《淘宝转微商》，将为我的传统美食事业开启一个全新的格局。要我概括马老师的著作，四个字“实用、有效”。

宏凤脚踏糕第三代掌门人　麦糕糕

2013年以来，经我手注册的商标数以万计，有法律保护的才叫真品牌。再经过马涛老师阐述的超级符号方法，把品牌注册到消费者心中的，从而达到变现的目的。二者相得益彰，共同构建起品牌壁垒和品牌资产。

互联网商标第一人，
风行国际知识产权董事长，
易标网发起人
商标先生「成道」

一本书看清当下互联网营销的风口，顺势而为抓住新时期的创业机遇。我推荐马涛老师的新书《淘宝转微商》。

众创世纪 CEO　马喜峰

跟马涛老师是很多年的朋友了，他的书比较容易看懂，也比较实用。就像一个农民播种，一切源于一线的实践。这本书打破了淘宝到微信，电商到微商的转型，更确切的说是融合，不能错过的风口助力。预祝马涛老师成就更多有梦想的人。

中国企业现金流设计第一人　马驰原

道可，道非，常道。马涛先生对道的理解和深入都体现在本书中，阅读之余要深入思考，更能得道。

刘易

前言

淘宝转微商是不知不觉完成的，而且是平滑过渡的。

本来，我们在淘宝上营销的终极目标，就是建立自己的客户鱼塘，实现老客户的一次又一次复购。这是因为，在流量成本越来越高的情况下，只有老客户复购足够多，最终才能有钱赚，如果只有新客户购买的话，销量可能很好，但是最终利润却都被瓜分了。

然而要想实现复购的目标，就需要一个连接卖家和买家的工具，这个理想工具就是微信。所以，把淘宝成交客户引导到微信上来提供服务就可以了，以前是用旺旺提供服务的，现在改用微信服务，因为微信比旺旺用户多而且更方便。

上述这一切都是水到渠成的，经营者并不需要刻意去做什么，只要客户在你的微信通讯录里出现并接受服务之后，你们之间的关系就不一样了，变得更亲密、更熟悉、更信任了。尤其是在微信上能够直接实现支付之后，买家甚至不愿意回到淘宝上拍产品，而是选择直接在微信上交易。因为只要能付钱就可以做成买卖，就是在进行商业贸易，这时淘宝卖家就已经是微商了，这一切都是在不知不觉中完成的，只是因为没有敲锣打鼓鞭炮齐鸣，所以他们自己都没有意识到而已。

淘宝转微商是大势所趋。

淘宝的生意越来越难做，倒不是没人买，而是忙活了半天没有获得利润。随着各种成本不断上涨，小夫妻店勉强还可以维持，很多大团队的天猫店则是亏损的，这从每年天猫不续费店家的数量就可见一斑。

微信是一个封闭空间，微商在微信里卖东西，没法比价，只要商家有信誉，产品有质量保障，是可以卖高价的，利润也是可以得到保证的，所以淘宝卖家转微商是大势所趋。值得欣慰的是，对淘宝卖家而言，这并不是转行也不是转型，只是把老客户重视起来，做了应该做的事而已，但在事实上为做微商铺平了道路。

电商和微商是两种思维模式。

在建立了自己的“鱼塘”之后，依靠老客户的复购就可以让卖家活得比较滋润，他们往后就可以继续从淘宝引流而不用担心在淘宝上不赚钱了。这样，他们的鱼塘就会越做越大，而且也确实能实现客户的长期价值，但是这个价值并不是最大的。

淘宝电商暗含“店商”的意思，就是你的网店卖什么产品，你就一直卖什么，是有限的品类。而微商思维则是要把有限的客户的需求满足到最大，理论上说，客户需要什么我就可以卖什么，因为微信好友是固定和有限的，要想开发更大的价值，不得不如此。

所以，把这两种思维方式结合在一起，就很厉害了。淘宝电商是流量思维，卖家都希望流量多多益善，流量多销量就多，就可以打造爆款，这是在人群广度上下工夫。微商是粉丝思维，每个粉丝可以服务很长时间，甚至几十年，粉丝有很多需求，只要微商主动挖掘并满足这些需求，都是有利可图的，这是在人群深度上下工夫，对每个客户都深挖其价值。一个是广度，靠人多，一个是深度，把每个人的价值挖掘到最大，两者结合就威力无比。

微品牌才是做大之道。

虽然作为一个个体微商既可以在人群广度上做文章，又可以在客户个人价值深度上下工夫，从而获取最大的利益，但是，这毕竟是只有靠自己的两只手在做，虽然可以赚不少钱，但很累，更难以上规模。

要想上规模，就要把一个个微商连接起来，连接的微商越多越好，人越多力量越大，卖得越多赚得越多。靠什么连接呢？靠一个好卖的产品连接很多微商。微商为什么愿意被连接呢？因为产品好卖，拿过来就能卖，卖了就能赚钱。

从宏观角度看，每连接一个微商，就意味着增加了一个销售渠道，大量的微商构成了一个多级的销售网络。产品通过这个销售网络流通到消费者手中，这个产品的名字就是品牌，整个链条中获益最大的就是这个微品牌，产品和微商所到之处都在宣传着微品牌，所以微品牌才是微商做大之道！

感谢范士武、夫子、于常来、杨玉丰、熊万迟、杜立、张晓丽、宋晓会等在本书写作中给予的支持、鼓励、理解和帮助！

马　涛

目录

第一部分
淘宝成交客户导入到微信复购

本章我们以做化妆品代购的空姐店主案例来贯穿全篇，让读者体会到，微信作为沟通工具本来就是淘宝交易后的最佳选择，它能使老客户的复购率大大提升。站在淘宝卖家的角度，有老客户复购已经是实现了营销的最高境界了，然而随着微信支付的开通和普及，不知不觉间淘宝卖家就成了微商。所以，“淘宝转微商”是无声无息地完成的，甚至连卖家自己都没意识到，他只是做了他应该做的事，而做这些事的目的就是为了让复购率提高。但是，它却打开了另一个广阔的空间——进入了微商的新天地里，不仅自己店铺里的老客户复购率提高了，而且还能在微信上通过介绍直接开发微信的新客户，这无形中就多了一个流量渠道。更为关键的是，转变成微商之后，就可以不用再受自己网店所售产品的限制，理论上任何产品都可以卖了。当然好处还不止这些，原来在淘宝上发展代理是很难的，但是转到微信上之后，买家和卖家的关系一下子近了，客户直接就想当代理了。总之，相比淘宝平台上卖家的境遇，不转微商则路子越走越窄，转到微商之后路子越走越宽，前景无限，原来想都不敢想的事，比如做自己的品牌，也可能随着形势要求不知不觉就去做了，难度也大大降低。这样看来，“淘宝转微商”实在是大势所趋！

Section 1.1 用微信维护老客户，复购转化率是淘宝新客户的5倍，积累30000多客户年销售额就有3000万

我的一位读者是位空姐，经常飞国际航班，比如韩国。她的朋友纷纷找她代购，以化妆品最多。当她看到这种巨大的需求后，自己就利用业余时间开了个淘宝店，由于只卖真货，而且价格公道，两年下来就做到了两皇冠。

如果只是这样，她就和我们绝大多数的淘宝店主没什么区别了，

与其他被动的店主不同的是，出于空姐的职业习惯，她具有很强的服务意识，所以在为客户服务之余，她就多做了一个动作，那就是加客户们的微信。那时候微信刚刚流行起来，很多客户也都开通了微信，通过微信和客户交流，为她们服务，指导化妆品的用法，加上空姐的形象和一些独特的保养秘诀，她的客户都从她那里获得了大量的价值，成了她的铁杆粉丝，而且数量越积越多，两年下来就累积了30000多个客户。后来由于微信限制好友数量，每个微信账号上最多只能有5000个好友，她的这些客户不得已就被分到7个微信号上进行服务，目前数量还在增加中。

一般做过淘宝店主的人都知道，当店铺信誉做到皇冠级别，就有过万条交易记录，理论上就有上万个客户，只是很多店铺都让它们沉睡，愿意苏醒的就自己来买，不愿意苏醒的，那就是一条交易记录和一个旺旺号。而在她的微信上每个客户都是活生生的人，有血有肉有性格的人，有些已经成为朋友，线下见过面甚至一起吃过饭。这些客户自己复购而且介绍更多朋友购买不说，当店铺有什么异常，或者客服或其他人员有什么不当行为的时候，他们都会把情况第一时间告诉店主。就这一点，让她渡过了几次危机，而每一次的危机都可能让她的网店事业有灭顶之灾。

事业都是一点一滴积累起来的，用心服务的这些老客户也会用钱给予她足够的回报，现在她的这30000多名老客户，加上淘宝上转来的新客户，每天带来的销售额有6万元左右，促销时一天可达10万元，一周促销一次，每月流水在二三百万元，一年有3000万元左右的销售额。我问她：老客户回头率有多少？转化率有多少？她说：老客户转化率超过8%，是淘宝百分之一点几的转化率的至少5倍以上！总之，这30000多老客户，大部分都有重复购买，只是购买的产品不同，购买的周期频率也不同，当然经济条件也不相同，所以每个客户的客单价也有很大差异，这是很正常的现象。

其实，只要有这一句：这些老客户大部分都会重复购买，就够了，这就说明服务的目的达到了。维护老客户的意义，就在于重复购买，真正赚钱和稳定还是靠老客户，因为老客户不需要再花推广成本，老客户不会锱铢必较，老客户是最可爱的人。谁拥有庞大的老客户群，谁才真正拥有了取之不尽的财富源泉，家财万贯会花完，有老客户群体支持你，随时都会有钱进账，源源不断。

谁都知道老客户好，但是真正运营的时候从哪里入手呢？其实非常简单，就是学习空姐从引导客户加微信开始，后面的几节我们逐步探讨空姐的淘宝店是如何实现的。

Section 1.2 把淘宝客户引导到微信上，朋友有通财之谊，不用担心关系太近不好做生意

人终究是社会化的动物，人与人之间打交道的时候是容易产生情谊的。不管是何种情况下建立的何种关系，就算是赤裸裸的金钱关系，通过互动也是可以加深情谊的。有情谊的关系就要比没情谊的干巴巴的关系要融洽，在面对多种机会进行选择的时候，对有情谊的倾向性就会更强。

对比旺旺和微信两种沟通工具，旺旺以文字为主的沟通就显得冰冷，而微信以语音为主的沟通就显得有人情味，起码能感觉到对方是个活生生的人。不仅如此，加了微信之后，就像闯入了私人领地一样，关系一下子从买卖关系向私人关系转变。卖家可以看买家的朋友圈，了解他的喜好，了解他的思想，了解他的生活，了解他发出的一切信息，同样的，买家也可以进入卖家的朋友圈，了解她的喜好、思想、生活等等一切发出的信息，不仅可以看，还可以点赞和评论，有事没事还可以互动聊天。总之，双方建立了连接，这个连接就像管道一样，信息通过管道传递着彼此的一举一动，从此彼此就出现在对方的生活

中了，这可以是一种深刻的关系，也可以是长久的关系，它可以超越金钱，也可以创造更多金钱价值。

连接了人，就连接了一切可能。

我信奉的一个原则是“公为私”，可能我们之间是通过淘宝买卖的“公事”结缘的，但是完全可以超越公事，建立私谊，朋友多了路好走，这对每个人来说，都是快速聚拢人脉的好方法。即是说，在赚钱的同时，还能有一帮客户朋友，如果将来想做一件更大的事情，众人拾柴火焰高。当然，前提是得有“公为私”的思想，如果做人太死板，就是为了从对方身上榨取更多的钱财，对方也是能感觉得到的，那就无法收获真正的朋友。

很多人担心和客户关系太亲密了，就没法做生意了，还是保持点儿距离好，这其实是误区。在中国传统文化中，讲究“朋友有通财之谊”，就是说，如果你是我的朋友，你过得好钱多，在钱财上帮帮我，照顾我，这是天经地义的。同样的，你哪天有困难了，我也会伸出援手的。“通财之谊”也写作“通财之义”，都能说得通，讲情谊得帮忙，论道义也得帮，谁让咱们是朋友呢，本来钱财都是身外之物，生不带来死不带去，而且拥有多少钱财算多呢，朋友之间“义”字当先，这就是中国传统文化里的钱义观。

所以，就算是真正朋友之间，也是可以通财的，何况是从客户而“朋友”的，更没必要担心了。

既然旺旺没有建立连接的功能，就要想办法把客户引导到微信上提供服务，不管是否成交，只要咨询了，都是潜在客户，都可以导入到微信上。而一旦导入到微信并建立连接，一切就有了可能，即使没成交的也会大大增加成交的可能。

这就要求我们建立一种意识，精心准备好用于服务的微信号，然后想尽一切办法，在各个环节引导用户加微信。其中，在旺旺沟通环节设计话术引导，是非常重要的一个环节，需要注意的是，要给“客户”感觉是自然而然的、水到渠成的，而不是故意要加他，所以话术设计非常重要。举个例子，假设我是卖某种产品的，聊到产品效果这个话题时，就可以问客户："你有微信吗？我朋友圈发了好多我自己使用的体验效果，有图有真相，你可以看看，是你加我还是我加你？"然后根据用户的回答，可以得到用户的微信号，或者用户会向你要微信号，这种情况下都是毫不犹豫地加为好友的，因为一切都是很平滑自然的。但是，如果在其他时候加客户微信，通过率就不一定高了，所以还是要讲究时机的。

Section 1.3 什么时机加客户微信通过率最高，要在你对客户最有用的时候加，设计的话术也是关键

有个店主原来是做减肥代餐粉的，之前淘宝店做到了几皇冠，积累了很多客户，后来因为淘宝的政策对减、丰、壮类产品限制很多，他就把店停掉了，反正钱赚的也差不多了，该享受了，一家人就去周游世界了，并在美国生活了两年多。玩够了之后发现还是得做事情，而美国那边的创业机会并不多，因此又回来了。

回来之后做什么呢？他发现国内微信营销如火如荼，于是也跟着到处学习、听课，学完之后他觉得还是要实践，而且就从自己的老本行——代餐粉开始，试试微信到底能不能赚钱。他之前也用微信，包括在美国的时候，也是经常用微信和国内的朋友保持联系，但是从未想过商业用途，他也很少加别人，别人加他不认识的一律不给通过。这次学完之后，他就加了一些之前保存在手机里的亲自服务过的老客户们的微信。他表明身份后对方居然还记得，很快就给通过了，大概加了好几十个。接下来的几天，他逐个进行沟通互动，寒暄过后，询问减肥情况，并没进行任何推销。但是两三天后这些人就陆陆续续地找他复购，这让他非常惊喜，并建立了对老客户复购的信心。以前，

他像大多数店主一样，就只卖货，每天推广就是开发新客户，只有极少数比较难沟通的客户他才亲自服务，而这些客户恰恰就是现在微信通过的这些人。

简单的尝试就尝到了甜头，这给他带来信心和激情，他马上想到了自己过去几年积累的淘宝交易记录库。他从中提取老客户的资料，最重要的信息就是手机号，他先把交易记录导出成 Excel 表格，然后又从表格文件里把手机号码一列导出来，过滤了一下重复的号码，再通过软件把这些手机号导入到手机通讯录里，利用微信的关联功能，看哪些人开通了微信，然后就加他们。

他发现，有很多手机号没有提示关联信息，难道是这些客户没有开通微信吗？他亲自拨打了一些电话号码，提示是空号。哦，明白了，手机换号了。为了多找到一些老客户，他马上又想到了利用 QQ 号加这些人的微信，QQ 号从哪里来呢？就从交易记录里的支付宝账号中找。有些支付宝账号用的是 QQ 邮箱，把邮件地址的后缀去掉，前面的数字就是这个客户的 QQ 号，这样又收集到了一批客户数据。虽然手机号与 QQ 对应的是同一个人的情况会导致数据重复，但也不是大问题，因为搜索的时候如果发现这个人加过了，就不用再加了。

客户数据准备好之后，他开始添加他们的微信。残酷的现实终于来了：发出去很多请求，但通过的并不多。有的客户不通过，但是在验证信息里有回复，问他是谁。回答是“你在我家买过代餐粉”，客户就问“你加我干什么，是不是想继续营销我……”诸如此类的问题。最后，通过率连 5% 都不到。有的好不容易通过了，正要准备跟对方说话，发现又被删除了，再次请求添加，有的就说看了你朋友圈了，觉得你不是好人，更多的是连理都不理，好像是永远拉黑了。

他是我的读者，后来又成为我的学员，现在成了朋友。当时他问我怎么办？我说多换一些话术，重要的是认证信息的话术设计至关重要，如果只说“你好”或者说你自己是谁，而客户对这个名字没有印象的话，肯定不会通过。我说，你试试喊着对方的名字，比如“马涛老师，你还好吗？”如果对方的微信用的不是真名，而你却喊出了他真名的话，通过率会高很多倍，事实证明果然如此。

上一节讲到在旺旺聊天的时候能和客户相互加微信最好，通过率会比较高，这就说明了加微信是要讲究时机的，什么时机通过率最高呢？就是最用得着你的时候。购买咨询的时候想从你这里得到更多有用的信息，有求于你，所以通过率高。时间越久，越用不着你的时候，越难通过。刚才说的这位销售代餐粉的朋友，他的客户都是几年前的了，中间也没有联络，可能早已忘记或者不再需要该产品了，不通过也就很好理解了。

还有一个通过率比较高的时机，那就是客户付款后发货前。这时候客户也正用得着你，只要话术得当，之前不通过的人这次可能也招架不住了，常见的高通过率的理由就是“着急发货，最后一次核对信息，急急急!”，尽管很多人可能会存疑，但也会通过，而一旦进入通讯录我们就和客户建立连接了。

Section 1.4 加客户微信前就要设计好身份和形象，并给出存在于客户朋友圈的理由

加了客户的微信，进入了他的朋友圈，建立了连接，这只能算是刚刚打开了大门，如果没有很好的设计和规划，这扇大门很快就会关上，因为是以某种名义进入的，等该名义结束后，你可能很快就会被清理出去。所以，我们看到销售代餐粉的朋友刚被通过不久，就被删除了，也就很容易想得通了。如果像过去淘宝店的做法，仅仅是为了加好友而加好友，加了之后就放任不管了，那就干脆不要加，因为即使加了大部分也会被清除出去的。

在设计和规划之前，我们需要问自己一个问题，或者替对方问自

己一个问题：你为什么存在于我的朋友圈里？请给我一个理由。

把这个问题细化一下，可以变成两个问题：第一，你是谁？第二，你对我有什么用？有用就有存在的价值，没用就无存在的必要，这是人之常情。

“你是谁”的问题的实质，就是你自己的身份问题，以及延伸出的和我的关系的问题。不同身份对客户的吸引力和好奇心的影响都不同，一般客户会给你一个机会，就是让你通过，然后去看看你展示的信息对客户是不是有价值，再决定你的去留。所以，不同身份就要有不同身份的信息展示，发布信息的地方就是微信朋友圈，因此，朋友圈发布的信息应该是设计和规划好的，要与身份以及用户的期待匹配，总之要有吸引力。

例如在客服聊天过程中加客户微信，客户就可能认为你的身份就是客服人员，如果进入到你的朋友圈，应该感觉到你是一个尽职尽责的职员，如果能有点可爱那就更好了。

如果在发货前加客户微信，以发货员或店主的身份去和客户核对信息，这时展示给客户的就是店主的信息，除了与生意有关的信息之外，还应该有些生活的气息。

如果是在收货后，以店主或售后服务人员的身份加客户微信，可能会更恰当。总之，不同的时机，应以不同的身份出现。以不同的身份出现在客户的朋友圈里，也应该传递出与该身份相对应的信息。这样做了，客户就会觉得很正常，不会有什么意外。

举个例子，山西农民电商王小帮（真名王志强），他是2014年阿里巴巴上市时8个敲钟人之一。以前很多人认识他是通过电视，因为他在央视多次露面，凭借淳朴形象给观众留下了深刻的印象，很多人看了他的介绍之后就去淘宝搜他的店铺，去他店里买杂粮。之前电视收视率高的时候，他每上一次电视，店里卖出的货就得发货一个月，有时候还不得不把产品下架。他的店铺很快做到了5皇冠，积累了8万多名客户，并对少量的客户加了微信。假如我是客户，在王小帮家买了杂粮，他在不同时机安排不同的人加我微信，我的反应和期待是不一样的。如果在聊天的时候客服加我，我可能会通过，因为我知道对方是客服人员，这次交易用完了可能就删除了。如果是王小帮本人加我，我的反应和期待又不一样。因为我在电视上看过他，那时他很高我很低，我仰视他，现在他主动加我。我们有了近距离的沟通，我会很乐意通过。通过之后我去看他的朋友圈，看到的都是这些信息：

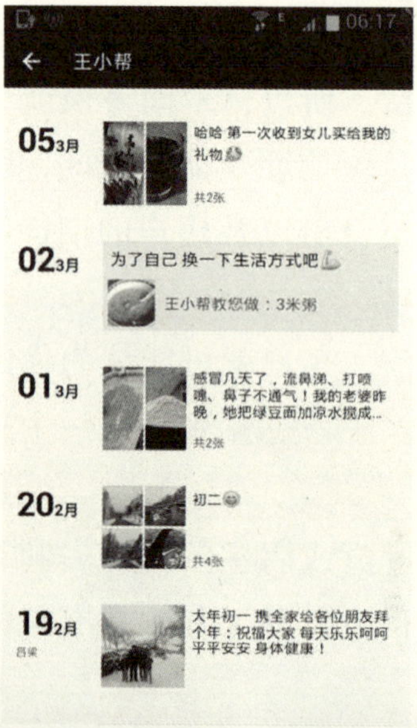

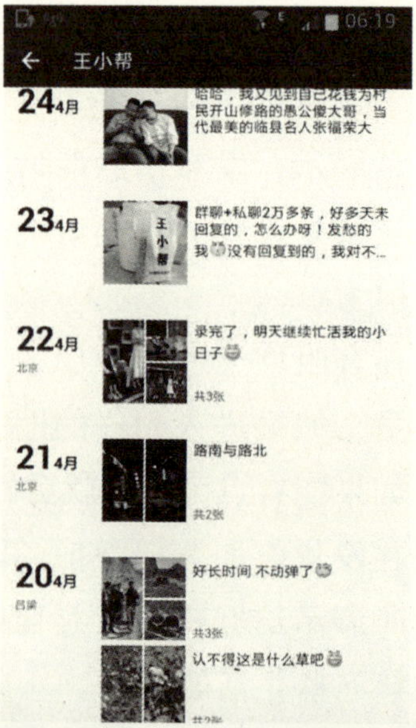

这个淳朴的形象果然像电视里报道的那样，深深地印在了我的脑

海里。别人卖的杂粮我可能不放心，但是王小帮卖的杂粮，我一定放心。我可能会留着他，不删除，没事的时候看看他家什么谷子下来了，什么蜂蜜上市了，什么水果马上就可以吃了，什么笨鸡蛋又被抢光了等等。如果我是个对现在加工食品不放心的人，那王小帮对我就是非常有价值的人了，我是不会删除他的，让他一直存在于我的朋友圈中。

而且知道王小帮是店主，他家的某个客服人员服务态度不好，我可以找店主直接投诉。我们来模拟一个场景：我以提建议的名义与王小帮在微信里聊天，同时又告了某个客服人员的状，王小帮很感激我的建议，夸我是忠实客户，表示下次交易的时候要给我送礼物，还说要批评某客服，我们俩聊得很开心。下次我又到王小帮店里买东西，刚巧那个客服休息，王小帮临时顶替一天，他一看是我这个客户，就记起了我们之间聊天的内容，就以客服的名义首先表示道歉，说自己上次服务态度不够好，老板已经批评他了，老板还说感谢你的建议，要给你送礼物，我听了之后很开心，就对“客服”说，我和你老板王小帮是朋友，我不同于一般的买家，以后价格要给我最优惠的，有什么好礼物或优惠活动，别忘了通知我，如此云云，此刻我感觉到“朝中有人”就是好，能得到特殊照顾，这微信没白加，很受用，很满意。

这个案例是真实的，只是不一定发生在王小帮身上，通过模拟这个对话，我们也看到在规划身份的问题上，好的设计是可以实现很好的配合的。比如本例中，在旺旺上出现的都是“客服”身份，而在微信上却是在和老板聊天，有两种身份配合，最后客户也很开心，体会到了优越感，而店主也可以有牢牢存在于客户朋友圈的价值。现在仔细揣摩一下这个案例，假如我是店主，我和客户之间互通了微信，但是因为有客服的存在，在客户心里并不是和我直接交易的，如果需要买卖的话，还会直接去找客服，比如讨价还价会找客服，稍微重大一些的事情，比如出现质量或者售后问题了，会直接找老板。尽管我们之间不直接谈生意，只谈感情，但是每出现一次，就是做了一次广告，客户都会想起你是卖什么的，所以这就是出现在客户朋友圈里最直接的价值。当然，后面我们还会看到别的很多好处，这就是为什么要千方百计建立连接的意义所在。

Section 1.5 加强和客户间的私人情谊，现实关系靠走动，线上关系靠互动

人们一般会仰视比自己更成功的人，这也是人性，并不一定是巴结或有求于人。在人的潜意识里认为，成功的人总有很多可学习的地方，或者能提供一些合作的机会，就算这些都没有，万一人家有事需要帮忙，有用得着自己的地方，能效劳一下也很开心。除此之外，牛人出现在自己通讯录里，也是一种谈资。所以，假若在客服聊天时就加了微信，后面在发货或售后时再以店主的身份加，客服再积极配合抬高一下老板的身价，捧一捧，让客户有些许仰视感，客户顿觉自己的朋友圈里多个有分量的人，也就不会轻易删除了。虽然有买卖关系，但并不直接谈钱，这样客户每看到你一次都会记得你是卖东西的，就像看到一次广告一样，总在提示他买东西，广告效果是非常好的。

店主体现出的高价值，除了靠同事捧抬之外，还是要通过自己发朋友圈精心维护形象的。如果是成功人士，就要有普通人达不到或没有实现的物质或精神生活，在物质方面比如展示自己的房子、别墅、游艇、私人飞机、庄园、收藏品，精神方面可以展示个人爱好，如太极、弹琴、练书法、参禅等等，还可以参加爱心公益事业，捐助慈善等等，客户果真翻你的朋友圈的话，看到这些信息都会留下高价值的印象。当然，这些也只能偶尔为之，多数信息还是要展示与主业相关的信息，一个原则是要给人留下靠谱的印象，让人喜欢，让人更加信任。比如前文代购的空姐，就要经常展示空乘趣事，因为很多人都想了解空姐的生活，或展示其他空姐的英姿，这都能使客户更加相信她

代购的是正品。比如我们看到王小帮发的朋友圈，看到他经常和农民打交道，收集的农家自用的好作物，就对他卖的产品更放心。这都是对主业加分的项，一般我们看一个人的朋友圈也就翻开最近的几页，所以主业信息应该经常发，只有这样才能不断强化客户的印象。

不过这些只是必须做的基础工作，印象终归是印象，关系的拉近靠情谊的增加，情谊的增加还是要靠价值互动。在现实中，人与人之间的关系是走动出来的，就算是亲戚，长期不联系不走动，慢慢也会疏远。在线上，人与人之间的关系就要靠不断地互动，互动得多关系就近，互动得少关系就远。

说到互动，最简单的就是点赞。每个人对自己发布的信息都很在意，有多少人看到、有多少人关注、有多少人点赞、有多少人评论、评论了什么，都牵动着发布人的神经，所以如果能适时给别人点赞，也能获得一定的好感。还说王小帮吧，不过这次是真有其事的。王小帮安排了一个客服小姑娘专门点赞，每天对每个人发的信息点一次赞，不多点，多了怕惹人烦，少了才能起到了刷存在感的作用。本来点赞是件好事，是对用户的关心和赞同，但是当它变成一项工作后，用户就不这么认为了。在坚持了一个多月后，终于有不少客户找上门来，给王小帮发微信："然后呢？"意思就是问你有何目的，你天天点赞而且那么规律地坚持那么久了，有什么目的就说吧……王小帮是厚道人，脸皮薄，当这样问的人多了，就停止专门让人点赞了。

其实，互动不止是点赞，有时候我们更喜欢看到的人能发表一些深刻的回复，或探讨或辩论或质疑，如果发表的观点能得到对方的赞同，让对方感觉到你是懂他的，就像找到了知音一样，那么评论的这一段话就比点一万个赞都有用。我们要清楚，做这些工作，是为了拉近和客户的关系，建立情谊，所以必须投入真情实感。发表评论参与讨论只是初步接触，互动几次之后就可以就某个话题一对一私聊，深聊，求得深度共鸣，我们平常在线下交朋友不也是这样做的吗？搬到微信上也没什么不同，人还是人，人性并没有改变。一次深聊顶得上几百次嘻嘻哈哈地蜻蜓点水。当然了，前面都是铺垫，深聊的这一次才是质变，才是真正走进客户心里让他把你当做朋友的转折点。

聊什么呢？可能由产品而工作，由工作而生活，由生活而家庭，由家庭而兴趣爱好，进而聊到人生观、世界观、文化信仰，甚至私密事都可能聊到。我们经常说，人生得一知己足矣，因为买一个东西就得一知己朋友，这不是很划算吗？这不是很大的价值吗？说到价值互动，聊到让人兴奋，让人有表达的欲望，这就是客服的最高境界了。如果还觉得不够的话，就再补一些物质价值，比如优惠信息和酬宾活动之类。你及时通知他，总之有什么好事你都想着他，能服务到这份儿上的客户你赶都赶不走。如果你不小心把他删了，他也会想方设法找到你，当他从你这里获得的价值让他感到无以为报时，那他就会拼命买你的东西，拦都拦不住。

不说在微信上能做到这些，就是只通过冰冷的旺旺文字聊，已经有无数客服可以做到了这些了，被感动了的客户不断地带来复购回报。商业做到这个境界，才能真正体会到快感！

Section 1.6 带着客户一起玩，从主动与客户互动开始，逐渐培养客户积极与我们互动的习惯，非闭环理论是设计互动话题的法宝

感动不可能天天发生，有一次就够了，任何好事多了都会让人疲倦的，人们对首次或只有一次的事总是念念不忘，没事时就会回味。所以，更多的时候是趋于平淡的交往的，回想一下我们每天在做的沟通的事，QQ、微信、发短信可以归为一类，打电话可以归为一类，见面谈又可以归为一类。通过对比，我们发现在情感及时性上，见面交谈是最强的，俗话说见面三分情，需要随时顾及对方的感受，而用 QQ

微信或者短信沟通，即时性就没那么强，虽知对方很急迫的事，也可以当作没看到，等到对方心情平复或者自己有心情的时候再去处理，而打电话则介于这两者之间。事实上，还有一种沟通，是留言或评论，即时性和随意性更差，相对于QQ微信或者短信的一对一私聊，留言或评论可以任意时候发生，也可以是说给别人听的，就算是在你的地盘上评论的，针对性也并不一定那么强，对于很多棘手的问题对情绪的刺激则要小得多。

所以，对于平时和大多数客户沟通，用留言或评论的方式，既表达了“我在关注你”，又不至于像私聊那么强迫（私聊的时候你不回或者回晚了，对方可能都会有想法），可以让关系保持在不疏远又不亲近的位置，这样才能有更多的精力服务其他人，实在是维护关系的好工具。

开始的时候，我们努力参与到客户的互动里去，我们是被动的。之后，我们要想办法让客户参与到我们的互动里，最终培养成一种习惯，就是我们有什么活动，他们都会积极参与的习惯。培养这个习惯有什么用呢？从有话题就参与到有活动就参与，为以后的促销埋下伏笔。我们看到很多事情发展得水到渠成，而且好像朝我们希望的方向发展，并非没有原因，是因为我们埋了很多伏笔，在对方看来是“水到渠成”，而我们可能需要提前做好渠，真的水到了自然按我们的渠道流淌。

因此，在发布话题的时候，就不要无懈可击，不要完美，相反的要故意留个缺口。古诗云：故留残缺处，留与竖子争。虽然这句诗有点贬义，但是它揭示的道理是没错的，就是你别自己把所有事都做了，把所有话都说了，留点给我们做，留点话给我们说，我们才有参与感，才有存在感，才有价值感。如果每次领奖都是你，那我们就不陪你玩了，你自己玩吧。我把这个称为“非闭环理论”，我们画一个圆，留点缺口，让人补上最后一笔，我们成全了它的参与感，它也成就了我们的“圆”。

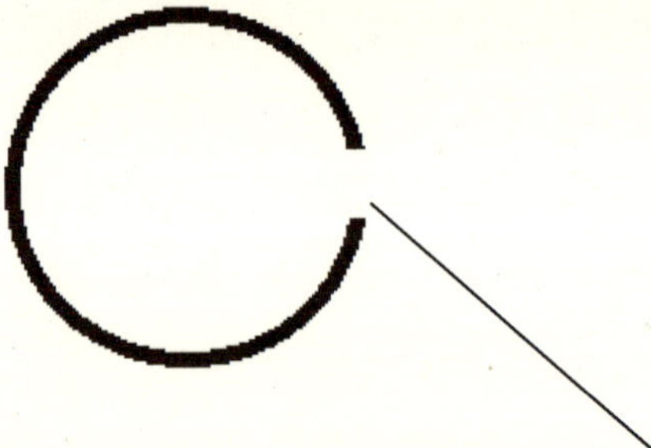

所以，互动带来热闹，互动带来人气，就是因为大家愿意跟你一起玩，有趣，有满足感，总之让人开心就是没错的，所以说，做人说话留缺口，是互动的精髓，做到了不用愁人气。

以上这些互动说到底更多属于情感层面，当互动到一定程度后还要导入一些物质互动。比如空姐家一周定时搞几次抽奖活动，每抽一次一块钱，不许多抽，视频全程直播，无任何造假，赢了可以获得所有奖金，还可以赢得一个大礼包奖品，参与的人气很高。因为投钱了所以参与的情感会更多，而且只投了一块钱输了也不心疼，而赢了却很值得期待，就这样带着客户一起玩，客户体验是不亦乐乎，没人想离开朋友圈。

细心的人应该注意到了，这里也埋了一个伏笔，那就是打一块钱投注。本来要玩游戏嘛，投注很正常啊，一块钱反正也不多，无所谓啦，玩玩嘛开心就行，但是无形中就培养了客户的一种习惯，大家猜猜是什么习惯？

Section 1.7 每周促销一次刺激复购，提前让用户补仓并满仓，不给对手可乘之机

为什么在老客户身上花那么多时间精力和感情投入？答案是，为了让老客户复购，这才是最终目的。我们反复强调的是客户的终身价

值，就是通过一次又一次的复购实现的，尤其是在现在推广成本越来越贵的情况下，首次购买已经几乎不赚钱，甚至是赔钱的，赚钱全靠后面的复购。而要想实现复购，就必须有良好的客户体验，其中首次购买前后的客户体验至关重要，它直接决定了是否还有未来。客户体验是综合的，产品是基础，其他的体验则全靠情感层面让客户感知到，并最终留下良好印象。

像上一节讲到的发展到志同道合的朋友层面的客户，他们被感动到无以为报，只有用钱多买产品，复购目的轻而易举地就实现了。但是我们清楚这样的客户毕竟是少数，因为时间精力都不允许。而且人和人之间是讲缘分的，就算我们对所有客户都报有十分的善意，对方也未必就能给予同样的回馈。何况，如果是一个团队在做的话，更要有一些常态化的方法。对于需要重复购买重复消费的产品来说，为了提高客户的购买频率，在感情维系之余，需要通过一些手段刺激购买欲和消费冲动，以实现传统营销学所讲的“销售促进”，就是我们经常说的促销。

我们需要清楚一个前提，就是你卖的产品是客户还需要买的，尤其是那些已经买过的老客户，他们可能麻木了或忘记了，我们需要刺激一下他，让他再次购买。如果你的商品买家不需要再买了，买一次够用很多年的了，而且身边也没有亲朋好友需要了，那么无论怎么刺激都不会实现销售促进的目的，这就是无效和盲目促销。

在淘宝网店经营层面，好的操盘手与一般的店主最大的区别，就是后者只会坐等，只做新客户的推广，来了买了就结束了，有问题就解答，没问题就谁也不搭理谁，概括地说就是既不做客户关系维护，也不精心设计促销活动。反观优秀的操盘手，他们会让客服把客户关系维护好，自己则带着一班聪明的策划人，不断挖空心思创意促销名目，让新老客户一次又一次心动，情不自禁地掏腰包。

假设一个场景，你是卖米的，你对一些人很好，进行了感情投入和价值互动，人家知道你是卖米的，而且自己家也需要米，也想照顾你，从你这儿买米，但是竞争对手是个高明的操盘手，他总是在每次客户家米吃完之前，通过促销填满客户家的米缸，让你根本无机可乘。所以，促销的意义有时候就是在客户产品快用完之前再让他满仓，如果等他用完了再想起找你买，一不留神可能被别的商家促销满仓了，到那时纵使他想回馈你，但因为家里买的已经够吃很久了，于是也爱莫能助了。

我们在日常生活中，如果留意身边的事，也会发现促销无处不在，比如肯德基麦当劳就经常在搞促销，商场处处在搞活动，大型的连锁店喜欢搞××周年的店庆大酬宾，电商领域淘宝有每年的“双十一”“双十二”大促。无论多大的商家都离不了促销，它是使销售额集中爆发的一个重要日子，在常规消费之余集中消耗一下买家的消费力。因此，促销不能不搞，也不能天天搞，最好有个周期，这样买家就会有期待，久了就可以培养成一种消费习惯。惯性使然，不由自主，如果自己家摊上败家的月光族自然不是好事，但是站在卖家立场看，这样的买家实在是多多益善。

在电商平台上，一般一周一次促销的频率比较好，当然这是一些店铺根据自己的产品消费周期摸索出的经验，并非金科玉律。总之一个原则是，计算一下时间，从这次购买到下次购买中间大概有多少天，大概要在客户准备再次购买前促销。原因我们上面说过了，如果真的等他产品用完了，可能会被别人钻空子。有人担心固定周期的促销会稀释平日的购买力，这种担心是可以理解的，但是从实践结果来看，平日的销售额还是比较稳定的，而且随着客户数的增加稳中有升，怎么解释呢？经过分析，我们得到的解释有两个，其一是爱占便宜的始终爱占便宜，他们就只等着促销才买。不爱占便宜的客户需要了就买，与搞不搞促销无关，你再怎么促销对我影响不大。其二，客户群体大了就有概率，每天都有刚需的客户，不会等到促销日才买。

有很多很好的方法，因为用的不对或滥用，其含义已经变味了，就像“促销”一词一样。现在人们一听到促销，马上就想到“打折”“让利”“降价”，而忘了初衷，如果以其本来面目即“销售促进”来寻找方法，就是为了增加销量所能想到的一切办法，而且应该补上一句话，那就是不影响后续品牌形象和不降低赢利能力。也就是说，如果做了促销，销量增加了，赢利反倒减少了，那不是我们想要的。如果做了促销，这次赢利增加了，以后的赢利能力被削弱了，也不是我们想要的。打折、降价、永远的 3 折等等做法，都不是可取的促销方式。

只会在价格上做文章促销的不能算是高手，高手都是通过创意实现促销的目的。再举空姐的例子，有一次她压了一批面膜，好几十箱，怎么卖都卖不动，打折降价等手法也都用了，就是没人买，愁得不行。后来她想了个点子，跟另一款产品搭配卖，给组合取了个名字叫“黑白配”，重新拍了照片和编写了宝贝描述，看上去非常新颖有诱惑力，在老客户中一宣传，立即遭到疯抢，库存很快清空，这个活动引起同行注意并模仿，最后整个行业也都跟着火了一把，她也不得不补货。又有一次，她遇到一个“马油”产品卖不动，她又想点子，如法炮制，继续搞组合，这次是与一款叫“九朵云”的产品搞了个“马·云”组合，库存很快售罄，在韩妆领域刮起了一阵风。她很自豪地总结道：没打一点折把库存都销售掉，靠的是创意，靠的是点子，这才是销售促进，既不影响品牌形象，还能大赚一笔。这对我自己以前理解的促销进行了颠覆。

对于很多店主来说，一般都是遇到了库存积压问题才想到了促销。是的，促销确实能解决库存问题，但是必须有好的创意才有效。有了好的创意，库存不仅不用打折销售，还能赚取丰厚的利润，同时又回笼了资金，促销真是不能不修的一门大学问。

Section 1.8 促销立足于为客户创造价值，“近者悦，远者来”是对待老客户的原则

我们把客户转移到微信上提供服务之后，实际上就是将沟通平台和交易平台进行了分离，这就给促销带来了与以前不一样的新问题。在没有微信之前，对于老客户的促销，是通过旺旺发消息，或在 CRM 软件中群发短信进行通知。由于很多买家不经常上旺旺，所以看不到信息，而且由于很多手机都安装了安全软件，发出的短信又容易被拦截，钱花了但信息并没收到，所以极大地影响了促销效果。

再有，站在买家的角度看卖家行为，平时不理不睬不互动，要推销产品了就想到我了。所以，如果有竞争对手用微信服务的话，传统方式很快就不是对手了，因为微信服务对客户的黏性更强。需要强调的是，淘宝上有很多促销工具，如满就送、满就减、限时折扣、VIP 会员折扣等各种促销工具非常齐全，而微信联系客户更加紧密，所以真正做促销的时候，应该让二者紧密配合，并且通过分工以充当不同角色。这就要求营销策划人员对每种工具都要熟悉，做到心中有数，最重要的是要明确每次促销的目的。

有些朋友开店卖单品，只用价格促销，也就是打折卖，慢慢客户养成了习惯，就等着打折，有打折就买，没打折就忍着，看谁先沉不住气，成了一种恶性循环，本来开始做的时候觉得利润挺高，但是到后来实际算下来并不赚钱。所以，我们提倡的促销，是尽量用创意让人有购买冲动，而不是只在价格上做文章。然而在实际操作中，通常是两种方法结合着用，既要有新颖的活动创意，又要在价格上让客户有实惠的感觉。最常见的促销目的有两种，一种是为了提高销量，就是多走库存，另一种是为了提高客单价，让客户多掏钱。下面剖析一

下如何设计促销方法。

（1）增加销量多走货。常见的增加销量的方式是“买一送一”，从减少库存的角度，这样一次交易出货量就提升了一倍，当然送的越多库存消化得越快，对利润的妨害也越大。“买一送一”从折扣的角度相当于打5折，但是与直接打折的区别是，前者收到的钱更多走的货更多，对消化库存有利。

这一招经常用的话，消费者就会认为这个产品的实际价值就是5折后的，以后想卖原价就不太可能了，也就是说，这种方法可能会实现增加销量的目的，也能回收货款，但是对于长远发展是非常不利的。如何既能增加销量还能保持价值形象呢？麦当劳的“第二杯半价”促销效果就不错，也实现了销量增加一倍的目的，而且消费者也有占便宜的感觉，还不会对品牌价值有太大伤害。

如何做到一点伤害都没有呢？也有方法，常用的方法是，设计促销套餐，然后在赠品上做文章，把赠品设计得有诱惑力。具体方式有：买1件按原价，买2件加2元可以得到一个价值199元的礼包，买3件加3元可以得到一个999元的超级礼包，等等。这样，自己原本的商品价值就没有打折扣，也实现了促进销量的目的。

（2）增加客单价多收钱。淘宝有很多促销工具，可以实现增加客单价多收钱的目的，之所以有这种促销方式，是因为有些店铺有业绩指标的压力，他们不看销售了多少货，而看营业额有多少，在有限的客源情况下，增加每个客户的客单价，是他们快速提升营业额的最好办法。在淘宝上常用的工具就是“满就送”。比如满199元就送什么赠品，满299元就送什么赠品，一个原则就是买的越多送的越多，而这里面的学问就是满的数字，比如为什么是199元呢？为什么是299元呢？这个数字是怎么来的呢？通常，我们需要对拿来做活动的产品的价格做很好的安排，理想的情况是，买一个产品差点儿才能够“满”的条件，如果想占便宜就要多买点儿，如果多买一件的话，就接近下一个“满”的级别，享受更大的优惠，所以还得再多买个什么东西……就这样，实现了卖更多产品的目的，利用的是消费者对优惠的追求。

当然也有其他“满”字头的工具，对于增加客单价的目的来说，“满就送”就比“满就减”要好，因为后者会让卖家实际收入变少。

如果想给老客户回馈的话，可以不定期地搞1元秒杀，拿出一些高价值的新品或者从别处得到的宝贝，不为了促销，就为了让老客户活跃起来。为什么要对老客户这么好呢？因为对老客户越好，就会有更多的新客户进来，这就是“近者悦，远者来”的道理。人性的一个弱点，就是对已经得到的东西就不太在意和重视了，而实际上我们恰恰要克服这种弱点，别人把视线都盯着新客户的时候，我们就把大量的精力和好处都放在老客户身上，只要这样做了，就一定能得到最丰厚的回报。

Section 1.9 有了微信支付，淘宝电商不知不觉成了微商

精心设计的富有创意的促销活动很好，在老客户群里一公布消息马上就有大批的回应，其中有一类回应是这样的：“活动很好，马上就想买，但是我来不及上淘宝，没Wifi，我怕等下机会没了，我能不能在微信上把钱给你，你帮我拍”，或者“不拍了你直接帮我发货，我把地址电话什么的都发给你，你直接给我寄就好了”。

每次活动发布后都会收到越来越多的类似的回应，而自从微信开通支付功能以来，越来越多的买家嫌麻烦，不想再回到淘宝拍产品了，也没法直接通过微信打开淘宝店链接，因为微信和淘宝相互屏蔽。于是，客户就想直接付钱发货就可以了，反正我信任你，买卖本质不就是我把钱给你，你把货给我嘛。这样交易，繁琐的过程全都简化了，而且下单都是语音的，卖家还得仔细听才能辨识出买家要买什么，伴

随语音下单的就是转账，直接点收款就到账了，连淘宝的担保交易都省了。干淘宝久了，什么时候有这么利索？在淘宝上买家迟迟不确认收货，我们就迟迟拿不到收款，有时候还担心退货或差评，而现在，这些担心都不存在了，这时才真正有做卖家的爽快，同时也感到了买家沉甸甸的信任，不可辜负。

看似一切都顺理成章，正是这样才让人麻木得没觉出有任何深刻的变化，那就是这一个看似简单的既方便又快捷的方式，让我们从“电商卖家”突然成了“微商”，因为没有敲锣打鼓，也没有鞭炮齐鸣，以至于很多人都没意识到这是真的。

什么是微商？一个简单的理解就是在微信上做买卖，回想一下刚刚发生的事情，在微信上收到订单了，也收到钱了，一笔买卖就产生了。这些都是在微信上发生的，如果说交易是在淘宝上发生的，我们就叫它做淘宝电商的话，很自然地，在微信上发生的交易，我们叫它微商没错。

从淘宝电商到微商的转变就是在不知不觉中发生的，转变成微商有什么新的意义吗？有，那就是很多买家会慢慢淡化淘宝电商的交易，直接和你进行微商交易，虽然第一次可能是因为来不及上淘宝怕赶不上促销于是请你帮忙的，但是尝到了便利之后就是有意的了。也就是说，转变成了微商，以后的主战场就是在微信上了，那么，与之配套的订单处理工作、收款核算、客服管理、账户安全等等，又都是需要适应和解决的新问题，当然，真正的微商还远不止如此，不过因为刚从淘宝转过来，先慢慢适应吧。但是我们要清楚，微商和淘宝电商是不同的模式，也有不同的生产力和生产效率，如果只是穿新鞋走老路的话，微商的威力就发挥不出来，所以后面还要边适应边解放思想。

不止是店主需要适应，客服以及其他员工也都要适应。比如，以前都是在电脑上工作，但是慢慢把客户转移到微信上之后，客服聊天基本上都在手机上了，原来是文字聊天为主，在微信上如果需要赶速度同时应付很多客户的话，也要学着客户一样用语音聊天。客户打款是在微信账户里，一部手机就是一个独立的王国，所有的客户都在上面，客户下的订单也在上面，手机也没法直接连接打印机，财务核算订单和钱款也得一部部手机查询。客服以前坐在工位上面对电脑，慢慢就要时刻抱着手机了……这给管理也带来了新的挑战！

Section 1.10 微商客服离钱太近了如何管理，搞懂了趋利避害，管10万人跟管10个人一样简单

作为淘宝店主，开始的时候把客户拉到微信上亲自服务，是需要自己摸索的，也是有兴趣的，更是做得到的。但是慢慢地，当客户越来越多时，店主的精力就不够了，他不可能每天都抱着手机和客户聊天，他必须为整个网店掌舵，还有很多其他重要的事等着他去做，所以客服人员必须接替他继续服务客户。

客户数量是逐渐积累越积越多的，当一个微信号加满（比如加5000人为满）的时候，就交给一个客服人员去服务，然后再拿出一部手机开个新微信号并交给另一个客服，不知不觉已经加满了好几个微信号了，也有几个客服在专职服务并管理这些手机了。如果只是用微信联络感情或进行促销，但是都回到淘宝交易，则一切如旧，并没有什么关系。然而有时候问题的发生，是因为变化来得太突然，我们并没有做好准备，以致惊慌失措。突然有一天，微信开始支持微支付了，又赶上一个很给力的促销活动发出了通知，几万名客户同时袭来，要求微信直接支付订购产品，这就立刻导致混乱。

首先，微信订单容易出错，因为在微信上下订单就是直接打钱，发地址电话姓名，然后文字或语音告知自己买什么，语音有时候不容易听清，购买数量容易搞混，还有的要发很多条微信才能确认，名字

发一次、地址发一次、电话发一次、购买的产品发一次，这些信息合在一起就很浪费时间而且容易引起混乱。

其次，买家打了款之后就会拼命地催，在微信上同时应付10个人以上，就容易被客户催得头昏脑涨，如果碰上急躁的客户，客服的心情也容易被感染成急躁，一急躁就更容易出错。

第三，微信是很私密的空间，聊天记录没法跟踪，随时可以删除，删除之后就找不到痕迹，如果出错或者有什么秘密交易也无从查起，老板或管理员很容易被蒙骗。说得极端点，就算收了买家的钱不给发货，然后再把该客户删除掉，别人也不知道。

第四，客服离钱突然变近了。与淘宝不同，淘宝上买家付款都在支付宝里，担保交易并不是立即就能到账，包括客服在内的所有人员只能看到交易成功与否，看不到钱，而在微信上收钱的过程是需要客服确认的，每一笔的进账以及“零钱”里的总余额都是随时可以查看的，钱就在客服人员眼前，从未离得如此近，而且这部手机里的客户他们自己最清楚，如果知道密码，真有点想转到自己账户据为己有的冲动。就像猫钓鱼一样，每钓上一条鱼都在它眼前划过，最后落入别人的口袋，确实馋得慌，天天都在考验人性。

空姐家曾发生了两件事都让她很受伤，一次是招了一个新客服，因为急用人立刻就上岗了，来了两天就盗走了一大批客户资料，后来赶紧开除了。第二件事是吸取了上次的教训，不敢用不太熟的人，开始用亲戚，干了两个月左右，亲戚把微信客户诱导到自己的私人手机上好几千，后来一些铁杆的粉丝和她聊天时，无意中聊起有人加该客户，打的名义是换号了，引起了空姐警觉后马上开始查这件事才被发现，最后也赶紧让亲戚走人。回想此事，幸亏有铁杆粉丝，而且和铁杆粉丝之间建立了深厚的情谊，否则后果很难预料。

这两件事让空姐感到很受伤，不敢相信任何人。因为客户是她最大的资产，不怕贼偷就怕贼惦记，不知道谁正在觊觎着她宝贵的客户资源呢！

这些都暴露出对微信客服的管理不同于淘宝客服的管理。在困扰于如何破解这个难题时，我想到了银行工作人员，她们也是天天跟钱打交道，自己的收入比起从自己经手的钱相比，简直微不足道。她们都有办法管理，难道微商客服就没法管理吗？

首先我们分析这个问题的实质，离钱太近了并不是客服的错，是工作性质决定的，也可以说是微信工具导致的，在淘宝上干同样的客服工作就没这个问题。所以管理这个问题，应该像治理腐败那样，让人不敢贪也不想贪。管理的精髓就是趋利避害，把害处讲清楚并让人看到，就有威慑力，从而让人躲它远远的。试举几例，有报道顺丰快递老总王卫管理顺丰 15 万人团队，如何让快递员不敢偷客户包裹里的物品？那就是如果发生偷盗丢失，不惜代价必查到底，不仅揪出来而且要让此人付出沉重的代价。当年聚划算最火爆的时候，很多“驻杭办”向淘宝小二行贿非常厉害，搞内部交易，后来阿里一查到底还把几个小二送进了监狱，此风才刹住。清朝的雍正皇帝杀贪官的时候，还要求其他官员组团去观摩，必须亲眼看到人头落地的下场警示教育才会效果好。

一方面避害，另一方面还要趋利，就是我不想做坏事，但是你给我的待遇也不能太寒酸。所以，在立害的同时还要提高超过同行的薪资待遇，才能让客服人员心安理得踏实做事。做到了这些，就可让人不想贪。如果要让人不敢贪，还要加强监督，采取包括监控设备、专职监管、相互监督、甚至与警方合作等威慑性手段，也都是不可少的。总之，信任但不放任，提供好待遇是造福人的，如果不监管给人犯错误的机会，又是祸害人的，所以管理要常抓不懈，在完善制度和监管措施的同时，也不要忘了思想教育。

Section 1.11 微信鱼塘已经建成，从淘宝引流更多客户

粉丝，推广就是花钱“买”客户

不知不觉我们已经一起见证了一个赚钱系统的打造，建立了自己

的鱼塘，微信通信录就是我们的鱼塘。从淘宝成交时开始进来的一条“鱼”，经过一系列努力，把它放到了微信鱼塘里进行“喂养”，不断培养更深的信任和情感积累，再配合每周进行的促销刺激，都能实现客户的复购。在今天推广成本越来越高的情况下，别人可能都在为高成本买新客户发愁，我们已经在享受老客户带来的持续回报，老客户是不需要再花大钱去推广营销的，成本最低。从另外一个层面看，这个鱼塘越做越大，有了复购，我们已经能够在实现“客户的终身价值”道路上前进了一大步，虽然我们知道客户复购是我们想要的，但是并没有把价值“榨取”到最大，下一节我们还会接着开发。镜头再次切换来个全景扫描：淘宝那一次成交就成了我们这套赚钱系统的前端，而微信鱼塘则是这套赚钱系统的后端，这正是《淘营销》一书中的主张和理想，有了微信之后，他们终于打通了。回想以前只有旺旺和电话沟通，其他社会化营销工具黏性并不强，所以复购率一直不能突破瓶颈，时时碰到天花板，如今有了微信终于可以把复购率提升上来了，非常值得庆幸。

有人觉得如果微信和淘宝不相互屏蔽就好了，但是一路走来我们并没有发现什么不妥，有那种看法只能说是还在被电商思维束缚着，有句话说，上帝关上了一扇门总会打开一扇窗，虽然他们之间相互屏蔽，在微信里没法直接点链接直达淘宝，但是微信支持支付功能后我们直接就华丽转身成了微商，可能更顺应潮流，何必退回旧路呢？

在《淘营销》一书中还指出，生意的做大之道，就是一手抓住老客户不放，一手发展新客户，这样鱼塘就会不断地累积变大。可以说，打通了从新客户变成老客户并进行促销复购的各个环节之后，前一任务已经算完成了，接下来就要把目光重点转移到开发新客户上面了，仍然从淘宝上开发，因为淘宝这个大鱼塘实在是太大了，如果淘宝的鱼塘像“九牛”，我们拿到的还不到“一毛”。不过这次我们心态不一样了，有了后端系统就有了底气，估算出客户的终身价值更使我们充满信心。仍然回到《淘营销》里提出的思想，“推广就是花钱买客户”，与之前做电商的心态不同，那时候做直通车或者别的付费推广，我们会计算当时的ROI，也就是投入产出比，比如投10块钱的直通车能卖回多少钱，计算和测试的结果如果发现赚钱，就可以投，如果是亏钱的，就不能做。但是，有了后端系统之后就不一样了，起码计算方法不同了，如果我有信心在后端赚钱，那么在淘宝购买的前端我不赚钱就可以投，竞争激烈的时候，只持平甚至亏点钱也是可以接受的，我要的是让客户进我的鱼塘，进去之后自然有“拔毛之法”，这种胆量和气魄一定会让靠淘宝当时当次就赚钱的卖家瞠目结舌，让他们很快就败下阵来。撤出的越多，竞争越小，淘宝上投入产出比的情况也会慢慢好转的。

回到具体战术上，那就是免费的付费的一起上，尤以淘宝活动类优先，因为参加一次官方活动出货就可以很快上量，活动一过就可以沉淀一批客户到鱼塘里。所以，我看到包括空姐家在内的一些卖家，从原先的对淘宝活动排斥，到现在又热衷于参加淘宝活动，其原因就在这里。当然也不只是淘宝官方的活动，还有第三方的活动也都热衷于参加，直通车也开足了马力，其他能带来客户的方法也都优先考虑。相比之前只打免费流量的主意，到现在关注的是“客户”，实在是很大的进步。需要强调的是，“流量”到“客户”的转变是需要一个过程的，只关注流量并不能保证转化结果，而“花钱买客户”的思想是立足于成交的客户，先成交了再说，为了成交可以花钱投入，而花钱买流量再成交的做法，要求成交的时候就要把买流量花的钱收回来，还要有盈利，这是二者的本质区别，需要辨别。

Section 1.12 微信直接分享推荐客户购买，鱼塘又增加了一个流量入口

在研究做淘品牌的时候，我给出过一个利益最大化公式：

利益最大化＝丰厚利润×N次购买×N人购买

这个公式的含义是，每抓住一个客户，我们希望他一次又一次地购买（N次），不仅他自己买，他还能帮我们转介其他客户，购买的客户越多越好，最终实现N人购买。也就是说，在人群广度上，人要尽可能地多，在时间深度上，每个人尽量合作的时间长，购买的次数多，人数广度和时间深度相乘，利益一定是最大的。这样每个客户的终身价值也就最大化了，往短期说，这在短期内可以获得最大利益，往长远了说，比如时间深度达到100年的话，那么成就的就是一个百年品牌。也因此得到了一个结论，做品牌才是获益最长久的，也是利益最大化的，它能在名字上数十年如一日地进行累积。如果经常更换项目，每次的累积都会清零，最终的利益不是最大化的。

这里提到这个公式，是为了揭示每个客户的价值，除了他自己一次又一次的贡献价值之外，他还能帮助介绍更多的客户，这种客户才是忠实客户，对于品牌来说就是品牌粉丝。

之前我们纯粹做淘宝店的时候，也是希望把客户服务到感动，让他们把自己的使用心得还有产品信息分享到自己的自媒体上，比如微博、QQ空间等等他能影响到的地方，极品的客户还可能会专门写长篇博客进行推荐，那更是求之不得。不过，要求是要求了，但是客户有没有做，以及做到什么程度，就不得而知了，毕竟我们没有进入他们的私人空间，也没有和他们的自媒体账号互相关注。再有，仅仅是推荐，就算是客户的朋友看到这些信息后想购买，还得麻烦客户寻求购买地址，似乎要欠人情一样，总之，每多一个环节都会像漏斗一样过滤掉很多懒惰的人。而且，真正拿到链接进入到淘宝的环节，还可能受到竞争对手信息的干扰，让客户的朋友改变购物初衷。

有了微信，这种情况就可以大大改善，我们可以直接请求客户发一段文案到自己的朋友圈，由我们提供好文案，客户只需要提供上传自己的图片即可，最终出现在朋友圈里要有图有真相。最妙的是，可以直接推荐微信号让人加。试看一例：

客户用完产品后的推荐，连同产品一起被转介的还有信任，即客户的朋友对客户的信任，如果对产品看了之后有兴趣加你的话，那多半是准客户。这样的关系铺垫，一上来就可以聊产品聊价格，非常容易成交。因为直接来自微信，聊完客户关心的问题并得到满意的解答后，可以直接微信支付，然后提供收货地址、姓名和电话，生意就这样做成了，双方都可以当不存在淘宝。这实际上就是纯微商了，连淘宝电商的影子都不存在了。整个过程就两步，客户完成的第一步是把文案发到朋友圈，客户的朋友完成了第二步加了微信然后购买，都是手机上完成，而且都是在微信里完成，而且是在看完后很短时间不换场地就可以做到的事。事实证明，越简单的动作，愿意做的人越多，效率越高。越复杂的动作，望而却步的人越多，效率也越低。当然，之所以这么顺利，而且客户感觉到这么简单，是因为我们也做了一些准备工作，就是替客户把推荐文案预先写好，他只需要复制粘贴就可以了，不用动脑子。如果让客户自己从头编，效率一定会大打折扣的，而且因为文案水平的缘故，朋友看了未必会心动从而导致推荐效果不佳。

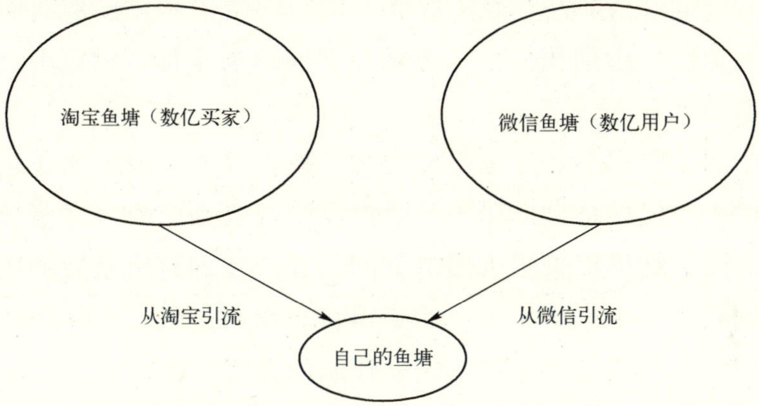

至此，我们的鱼塘就有了两个入口，一个来自淘宝网店不断成交的客户，用的还是传统电商的那一套。另一个来自微信本身，这才把微信作为社交工具的社交属性的价值发挥出来。有了两个入口，我们微信客户鱼塘壮大的速度就要快很多，而且有别于纯粹的微商营销，后者通过各种技术加陌生粉丝，不断进行营销和转化，购买了之后再进行维护培养，在效率方面，电商转微商的效率不知道要比他们高多少倍，因为它更精准（而不是盲目加粉只要数量），更因为他是客户介绍的，一出现就有了信任转嫁（陌生加粉完全是从0开始），这都是电商转微商的核心优势，也是我们的信心所在。

Section 1.13 产品和服务都太好了，推荐也有利可图，客户想代理怎么办

每个人的影响力都不同，有的客户朋友特别多，而且是意见领袖，

他做什么事大家都喜欢跟着模仿。当我们遇到这样的客户帮我们分享产品推荐客户后，加我们微信购买的人就可能会很多，传统营销理论认为每个客户背后都站着 25 个潜在客户，而这些意见领袖分享经验后可能带来成百上千或者更多的客户。因为，这就是他们的影响力，他们就是能影响这么多人。本来是留了我们的微信号直接加我们就可以的，但是他们一边加我们，一边也会再向朋友求证，以免上当，这也是人之常情。

其中的一些胆小者甚至要求该客户帮他代购，因为他还是信不过被推荐的人。仅仅是自己用了一个产品，仅仅是应商家之请帮忙分享一下朋友圈，结果引来很火爆的询问，客户在拥有成就感的同时，也会感觉到做这个生意很火爆，并觉得自己很有价值。尤其是帮朋友代购了之后，一个两个无所谓，如果代购的多了，他的价值感一定会变成利益诉求的，一定会找商家——也就是我们要说法的。开始人少的时候，好言安慰尚可，代购的人多了，就要进行物质奖励。再继续多下去的话，有些客户干脆就萌生做代理的念头，既然这个钱这么好赚，我不能白白为你商家打工啊，毕竟还要花我的时间精力呢，不付我报酬就要给我分利润。

一旦客户动了利益之心并且很坚定的话，那就该考虑发展他做代理了，因为他看到了生意的火爆，他看到了赚钱的机会，商机和利益开始在背后发力驱动着他，如果你不发展他做代理的话，他就会寻求从别处代购，反正客户相信的是他，不管他卖谁的货，都能卖出去（一个不容忽视的事实是，微商的低门槛，不用开店，不用像做淘宝那么麻烦，也不用像做天猫那样需要交大笔的保证金，直接收钱就可以了，因为有信任在）。此时，我们感受到了危机感，为什么？因为我们被夹在中间，本来我们也只是开网店拿货卖货的，利润空间十分有限，如果让客户做代理，我们的利润空间会进一步被压缩，总结起来起码有三大问题：

第一，资质问题，我们自己不是品牌商，也只是代理，平常就是拿货卖货，没法给授权。

第二，如果把客户变成代理了，他自己卖得很好，势必想进一步压缩成本，总有一天会发现我们不是最高源头的，当他做得比我们好的时候，就会直接找品牌商要代理，以获得更大利润空间和更多优惠政策，抛弃我们不说，还多了个强大的竞争对手。

第三，就算我有心发展代理，面对如此狭小的利润空间，根本不符合微商的多级分销利益诉求，尤其是我下面的代理还想发展代理的时候，早晚会崩盘的。

从自私的角度说，如果因为我发展了很多代理把该品牌做大了，而我自己又没有掌控能力的话，万一有一天被人取代，那就是为别人做了嫁衣，还不如好好培养一个属于自己的“孩子”呢！

要想顺应客户的代理要求，要想解决以上这些隐忧，必须从根源上彻底解决，实际上解决办法只有一个，那就是发展自己的品牌，掌握主动权，最终决定自己的命运！

看来，做品牌才能顺应民心！

其实，做品牌也是被逼的！

快翻到下一章，我们一起做品牌策划！

第二部分
创建自己的微品牌

本章我们将通过对比传统品牌、淘品牌的做法，找到做品牌的本质的不变的东西，再结合微信这种新渠道的特点，找到做微品牌的方法。

在分析了传统品牌、淘品牌的打法后，学以致用，又相对完整地给出了一个微品牌的策划案例——陈伯牌老公天天晨勃补品，很多咨询公司不肯外传的秘诀，通过这个案例统统说出来了，相信如果你自己也打算做品牌的话，一定能得到诸多启发。对了，本书的封面你如果没看懂的话，读了这个案例后就真正明白是怎么回事了，那时你会会心一笑的，别忘了打赏作者哦。

Section 2.1 为什么要做微品牌

忽如一夜春风来，微品牌遍地开花了。最先利用微营销火起来的有水果，像褚橙、柳桃、潘苹果之类，能叫得上名的就是品牌，得益于是在微信上炒作起来的，就被贴上了“微品牌”的烙印。2014 年这股风刮向了化妆品，尤其是面膜，据不完全统计，一年时间有上千个面膜微品牌上市，在微信上到处可看到卖面膜的刷屏现象。回想一下从电商一路走来，几年前淘品牌才火起来，还没感觉到大红大紫呢，微品牌又起来了，其势头俨然已经盖过了淘品牌。从本质上说，一个东西能火，一定是碰上了一个机遇，所谓时势造英雄，但更为重要的还是市场和社会都需要它。

2.1.1 市场和社会都需要微品牌

淘宝的火爆是因为电商给大家带去了购物的便利，价格透明和充分竞争使得商品真的很便宜，而且淘宝通过担保交易解决了交易不安全的问题，淘宝还创造了信用评价机制，通过评语和评分使得卖家服务态度比线下要好很多。淘宝推出的7天无理由退货机制，使得买到的产品比线下面对面买到的产品都放心，总之从传统的商业形态中脱胎出来，非常受欢迎，因为它确实为老百姓创造了价值，所以很火爆。

微商能受到买家的追捧，也一定在某些方面为买家创造了独特的价值，否则不会平白无故火起来的。从历史更替规律来看，一个旧政权一定是因为出现了老百姓无法忍受的剥削和压迫，才会有新的一批人起来推翻它。在商业上也类似，一定是老的商业形态出现了弊病，新的商业模式才有机会。电商是从传统线下商业脱胎出来的，如果它真的完美无缺的话，就不会有新模式的机会。而微商能在电商之后冒出来，则说明电商一定开始出现为人诟病甚至想抛弃的痛点。这个痛点就是买到可信赖的真货越来越不容易。

可以说，现在的淘宝电商有些病态，为了抢占淘宝流量的红利，为了提高排名，大量地刷单刷评价造假。为了做大销量打造爆款以及价格战的恶性竞争，推出了大量的9块9包邮产品，根据价值规律，如果没有利润，商业是无法延续的，如果想延续下去，只有不断地降低成本，伴随成本下降的是产品质量下降。淘宝上很多行业的低价，让正儿八经做产品的人都摇头叹息，他们只有一句话，这个价格我们做不出来，赔钱。最终导致好产品活不下去，劣币驱良币，表面上看似花很少的钱，但实际上买不到质量合格的好产品，这才是最大的伤害。于是造成在一些事关生命健康的行业，比如儿童奶粉，不少妈妈们不得不通过代购购买国外产品。

所以，社会上真正需要的是靠谱的可以信赖的好产品，就算你是邻家，如果你家有我放心的产品，我也会去买，因为我对你的信任，已经超越了对相关部门的很多检验合格证的信任。进一步扩大，如果你做微商，有很多朋友相信你、购买你的产品，你的产品随意取个名字就是微品牌，如果你的人名是个人品牌的话，那么微品牌就是产品品牌，是个人做的产品品牌。只要你人靠谱，只要你的产品靠谱，市场和社会都需要你！

2.1.2 渠道模式比爆款模式更需要品牌

微商要做大最终要靠多级代理分销模式，让尽可能多的人帮我们一起卖，它不像在淘宝上依靠一个单店就可以做爆款，大量地走货。而做多级代理分销模式的前提是必须有自己的品牌，没有品牌就没法授权。

再小的个体，也是一个品牌，品牌还得在法律上得到承认，既不侵权别人，也要保护我们自己，所以注册商标是迈向品牌的第一步。有了这一步，就相当于树立一杆大旗，就可以把很多人聚集在这杆大旗之下，首先买家会更放心我们的产品品质，不会觉得是三无产品，其次更容易把想跟我们一起做事业的人凝聚起来。

做过淘宝的都知道，在淘宝上打造了一个爆款产品之后，只要维护好，每天的订单都会很多，这时候转化率非常高，不仅自己付费推广的 ROI 是赚钱的，而且淘宝会给爆款带来大量免费流量，尤其是如果能上“豆腐块”的话，一天走几千单也是常有的事，甚至可以天天如此。如果上一次聚划算，或者赶上双十一这样的大促，订单量更是火爆得不行。这种情况在任何单个微商那里都不常见了，因为每个微商通讯录里的客户是有限的，而且微商购买的前提是要有一定时间的信任培育，不像淘宝平台有无限的流量，而且是担保交易，所以微商要想做大，必须集中到一个点上，就是大家一起做一个品牌，把知名度铺开，再把渠道铺开，依靠更多的代理帮我们卖，众人拾柴火焰高，大家一起推出一个微品牌来。

最终渠道、爆款以及品牌都是相互补益的，渠道铺多远，品牌就被宣传到多远。品牌知名度越大，单个微商代理卖的货就越多，在数量上也可以形成小爆款，这种良性循环会让整个体系的人都非常有信心，而品牌就是在这样滚雪球般前进中长大的。

2.1.3 微商门槛很低给了个人很大机会，良机不容错过

透过现象看本质，微商其实是一个个创业者，利用微信做生意形成的新兴市场，他们抱着一部手机就可以开始创业，如果过去淘宝开店创业门槛低，那么做微商的门槛更低——连网店也不用开，也不用学习拍照修图，也不用交保证金，只要开通微支付，能收到别人打的钱就可以开始微商了。

从做生意卖货的角度说，任何个人，只要有可以聚人气的本事，都能把货卖出去。这里所说的本事，并不一定非得是某种苦修十年八年得到的绝技，比如写作、说相声、演小品、说评书、当演员做明星，也不见得非要有口才有背景，只要愿意沉下心来，愿意付出时间，愿意为别人付出，为别人带去快乐或方便，这都是价值。只要有价值，就一定有人为价值买单。

所以，良好的心态，勤奋的劲头，就比高智商而懒惰的人多了机会。在这一波微商大潮中，有很多残疾人就做得很好，他们就是利用网络，利用自己大量的时间，利用自己一颗积极向上的心，为别人创造价值，积累了几千几万几十万甚至更多的粉丝，所以他们卖什么都不难。相比之下我们正常人，更加需要努力奋斗，因为微商创业门槛非常低，勤能补拙，笨方法就是捷径。

再大的事业都是一点一滴积累起来的，无论多聪明，如果只观望而不行动的话，当想行动的时候，别人已经走得很远了。无数事实都证明，经常说自己是笨鸟先飞的人根本就不笨，简直是最聪明的人。经历过淘宝时代的人，都会问过或被问过这样一个问题：现在还能做

淘宝吗？现在做淘宝晚吗？相信过不了多久，相同的问题也会在微商里出现。如果这次机会再抓不住，下次机会什么时候出现，谁也不知道！

2.1.4 今天的微品牌可能是未来享誉世界的大品牌

征服世界依赖两样东西，可以是坚船利炮，也可以是品牌。品牌所到之处，可以带走大量财富，但是却不会像战争那样强取豪夺导致生灵涂炭，反倒可以让市场更加繁荣，老百姓的生活更加便捷，所以用品牌征服世界获取财富是人们都乐见的；用战争征服世界获取财富是人们都反对的。也因此，品牌走出国门，也是一个民族扬眉吐气的标志和后盾。

微品牌也可以理解为是起点低微，小到一个人开始，微到只有很少人知道并买账。但是，它并不是不想做大，也不是不能做大，然而起步的时候还是从小开始，从细微处入手的。所以，虽然叫微品牌，它仍然是可以成长为大品牌的。能不能做大，是由市场和消费者决定的，也是由产品决定的，而不是由它是不是微品牌决定的。所以，在策划上，微品牌仍然按照长远规划去做，需要精心的营销策划，更需要在法律手续上正规。

做微品牌也可以理解为是建立一种商业信仰，建立一种羞耻心，建立一种荣誉感，建立一种责任意识，长江后浪推前浪，将来还得靠我们。面对现在的商业中种种不文明现象，怨天尤人是没有用的，法律也有管不了的空白，还得靠市场的办法去竞争，用良币和劣币竞争，让市场淘汰它，老百姓才真正能少上当少受骗，这是今天年轻一代也就是肩挑微品牌的人的责任，一个民族的有志青年，应该有这样的勇气去肩负更大的责任。

Section 2.2 传统品牌是如何做的

不管名称如何叫，传统品牌、淘品牌还有微品牌，他们做品牌的目的应该都是一样的，也就是说，在品牌的本质上也会是一致的，不同的名称只是说明诞生地不同，诞生平台不同在操作方法上也应该有所区别，这一节我们试图对传统品牌和淘品牌的方法论进行探讨，以期找到微品牌的做法。

2.2.1 一切都是从解决卖货问题开始的，竞争导致了营销的出现，营销 4P 理论是经典的系统的总结

传统品牌，从年代上说是时间比较久的，通常是在电商火起来之前就建立的，从交易方式说，就是线下实体。

现在有一个命题，如何把一个产品卖出去，卖火卖爆。工具就是传统媒体（电视、报纸、人工），还有实体店（可以是商店、超市卖场、药店等一切可以交易的地方）。为了让大家更容易理解，我们缩小一下范围，尽量具象化，在这里认为我们卖的是一个实物产品，吃的用的都可以，一定是摸得着看得见，还要是工厂生产的。

为了解决卖出去的问题，“营销”就出现了。本来是不需要营销的，有个故事是这么说的：

有人问营销大师，如果你开一家饭馆，如果给你几个选项：最好的地段、最好的厨师、最好的食材、最好的广告时段、最棒的服务员、最好的装修、最有创意的促销活动，等等，你会选择哪个？营销大师回答，我会选择一群饥饿的人。

这个故事告诉我们，没有竞争只有强烈需求的人，卖东西一点都不难。就像计划经济时代一样，商品供不应求，有钱买不到东西，这时是不需要营销的。

营销是通过工具和智慧解决竞争问题的。所以，经典的营销理论也就是4P理论，就是把卖东西的过程细化并且科学化，然后再每一个环节优化想点子，增加竞争力，最后胜出。

第一个P是产品Product，产品是第一位的，就像我们的命题一样，我们现在有了产品，如何把它卖出去呢？

第二个P出现了，它是Price价格，人们看到一个自己需要的产品后，首先会问多少钱。如果价格很贵可能买不起，但是价格很便宜也会有对质量的担忧，总之定价是很大的学问，因为它关系到我们商业的目的——也就是利润。

第三个P是渠道Place，就是放到哪里卖的问题，随时而来的问题是：人家为什么帮你卖？肯定要有利益才行，如果不想给人分，也可以自己卖，在线下开一个实体店可以让周围一定距离的人来购买，而如果开一个网店理论上是可以把产品卖给世界任何一个角落的人的，而且数量可以无限。

第四个P是推广Promotion，就是如何让人知道你的产品，有4个要素：广告、销售促进、人员推销、公共关系。

传统品牌产品（Product）要在实体店销售，就需要经销商一级一级地向下批发，从总代理（简称总代）到一级代理，再到二级代理、三级代理，最后将货摆到终端实体店的货架上，渠道问题（Place）解决了。再来看价格（Price），品牌商从出厂的成本价加上自己的利润，卖给总代，总代再加价卖给一级批发商，这样层层加价，到了终端它的销售价格也是自己的进货价，加上自己的利润。对于大多数商品来说，品牌商都无法把最终的零售价给确定，虽然品牌商知道确定的零售价有助于消费者的选择，但是却因可能触犯经销商的利益而使他不愿销售你的产品。如果定价过高消费者就不会买，也会导致卖不出去。

还有产品摆放的位置是否显眼、阵型是否有气势等，都影响着销量。摆上货架之后还无人问津或者销量不理想，没有利润盈余，怎么办？那就要开始想到推广了，短兵相接的有卖场促销活动，制空权的方法有打电视报纸广告，后者唤起消费欲望，前者通过现场拦截。效果一定是有的，但最终算下来是否还有盈利则未可知。这还不是最要命的，最要命的是竞品太多了，大家产品都差不多，几乎是同质化的，而且采用相同的推广方法，这又怎么办？

2.2.2 从名字开始进行整体差异化，广告做开路先锋成就了卖货和品牌，定位理论又为广告立了大功

营销大师是军师兼谋士，既然根源是同质化导致的，那唯有找到差异化的卖点，卖不同，才能脱颖而出。于是要进行重新定位，重新提炼卖点，重新包装，重新取名，围绕新的定位和卖点重新拍广告，也进行了重新定价，对渠道也进行了新的利益分配使积极性提高。如果一切都很顺利，尤其是广告恰好打中消费者痛点的话，出货就会如洪水般来临，很快一个企业就能或起死回生，或从小迅速发展壮大。这时如果由理论家来总结成功经验的话，发现是广告成就的，所以做广告就能成功。而消费者记住了那个不断被重复的名字，再仔细研究那个名字，发现它很有魔力，只要打上那个名字产品就很好卖，而且可以卖得比较贵，更妙的是生产的其他产品贴上这个名字，也很容易销售。这个发现犹如发现金矿一样，反正全世界最赚钱的企业都在这样用，原来这才是解决竞争的最终出路，也是营销的最高段位，那个有魔力的名字也不再叫“名字”了，改叫“品牌”，发现的这套方法也叫做品牌法。因为广告的作用非常大，而要想做成功广告，就需要先定位，所以定位理论也成了做品牌的基础理论。

回顾整个过程，这就是商业发展的历史，前面我们说过，在计划经济时代什么都不需要做，产品都很好卖，根本不需要动脑子。慢慢地随着改革开放促进了商业的繁荣，做同样产品的人开始多起来，一些商家就开始想办法印传单宣传。伴随商业的兴起，媒体也发展起来了，看到别人宣传获益，一些人开始尝试在媒体上打广告，因为没有人这样干，广告很少，所以只要打广告效果就很好，我们现在回想一下 20 世纪 80/90 年代那时候的某些广告，太没技术含量了，都是大段大段的文字，也没有音乐，更没有视频画面，播音员读得也很生硬，但是却不影响它有很好的效果。是竞争推进了行业的向前发展，是竞争让营销人发挥了自己的聪明才智，时代是向前发展的，很多之前有效的方法慢慢也无效了，所以还得研究更新的营销方法。

2.2.3 营销的根本目的是为了卖货，品牌不过是个受保护可累积的附加品，不立足于卖货一心只想打造品牌是跑偏了

世上没有单纯为了做品牌的营销方法，因为做品牌本身并不是目的，卖货赚钱才是目的。但是一卖货一赚钱就有人跟风竞争，所以必须从头到尾把自己包装得更加严实，取一个更响亮的名字，而且是受法律保护的不容侵权的，我们叫它品牌。最终让消费者认准品牌购买，其他的都是假冒的别买。事实证明，这套方法的确成就了大批的企业，让很多企业赚得盆满钵满，经过时代变更和市场考验仍旧存活下来了一些企业，有长盛不衰的势头，当然更多的企业则被市场淘汰了。原因是多方面的，不过有一个很重要的方面是，营销方法并没有跟上。我们再次强调，这套利益最大化的系统的营销行为，最后会把多年的资产累积到一

个名字上，我们叫它品牌，如果能累积100年不死，它就是个百年品牌，但它本身只是个附带品，并不是最终目的。时时刻刻引领市场，迎合需求，任何时候都能坚挺地活着，才是目标。而大家非要说这套系统的方法，是打造品牌的方法，把打造品牌当成了目标，忘记了营销的初衷是为了解决卖货问题的，其实是跑偏了。

我们再来总结一下以上命题的答案，广告或者促销（Promotion），消费者疯狂买货（Product），渠道（Place）大量走货，根据精心设计的定价（Price），品牌方渠道方都有利可图，消费者买到了产品得到了价值，各个环节的商家得到了利益，整个生态是健康的良性的。由此也可看到，营销4P理论确实实现了卖货的目的。企业做了什么事呢？为了拍广告先调研市场研究消费者，先进行了定位，然后提出定位口号（也就是广告诉求），根据定位重新命名品类或品牌，为了容易让人记住新定位重新设计一个标志（Logo），设计新包装体现新定位，调整价格与定位（这时候理解为买家心目中的期待）相符的价格，拍广告把定位诉求传播出去打动消费者，产品和广告上市的同时再临门一脚，进行与定位相同的促销活动。总也没跳出营销4P的范畴，我们这里把它当作传统品牌的做法，不过我们要清楚我们做了这些事：调研消费者、定位、提炼口号、取名、设计Logo、设计包装、定价、创意广告、拍摄投放广告、招商与渠道管理、促销。从中衍生出了很多名词和职位，比如文案、策划、创意、设计等，不管怎么说，本质和目的时刻不能忘。

Section 2.3 淘品牌是如何做的

与传统品牌一样，淘品牌是一种策略，而非最终目的，它是解决淘宝电商解决卖货问题时寻找到的一种方法。

2.3.1 渠道变了、定价方式变了、推广方式也变了，营销4P中有3P都变了，所以要回归营销就是卖货的本质，以寻求电商营销的方法

就像药治病一样，研究药就要先研究病的症状和根源，针对性的解决。与传统品牌不同，在淘宝上开店做电商，在直销方式，可以不经过层层的分销渠道就能把货送到消费者的手中，也就是说，渠道（Place）变了。渠道变了，利益分配格局也就变了，不用给经销商分利了，而且自己有定价权了，这就是说，价格（Price）的确定方式也变了，以前是层层加价，品牌商很难控制终端的最终售价，但是到了电商上卖家直接就能决定售价。更大的变化则是推广（Promotion）方式的改变，以前用的是电视广告报纸广告、促销等手段，现在在淘宝上则变成了一个词——流量。只要有流量，就会有销量，流量越大销量就越大，这让商家从原来的无处发力感觉到有着力点了，因为淘宝是把推广和销售集中到一起了，看了立即就能买，而传统品牌模式下看了广告还得到卖场才能买。而且淘宝给了很大的流量红利，只要按照他的规则做，就可以得到很可观的免费流量，推广费用大大节省。

这就是电商与传统商业的区别，以前是分散的，而现在则集中到了一个平台上，环境变了，平台变了，工具也变了，营销4P中除了产品这一P没变，其他的3P都变了，也就是整个营销方式都要变了，所以淘宝电商营销与传统品牌的营销方式必定不同，如果不改变，就不能适应，电商就做不好。严重的是，不是做不好就可以不做了，而是电商在时时刻刻蚕食传统商业市场，挤压传统商业生存空间，这是此消彼长的过程，市场的规则就一个，那就是优胜劣汰，不能适应变化的就只有被淘汰，所以经常看到报道，说在电商冲击下，很多传统商

业倒闭了。不必惋惜，这就是市场规则，有点残酷，但是它是进步的，况且谁也阻挡不了啊。

以中国人的聪明才智，很快就能摸索出适应淘宝电商的营销方法，也出现了本土的淘宝营销书籍，比如《淘营销》一书就把淘宝营销归为三步，第一步是修炼内功，解决人来了就让他买的问题，目标是打造高转化率。第二步是推广引入洪水般的流量，通过多种方式多渠道最大限度地搞流量，也包括使用淘宝平台推出的付费的推广工具。第三步是把老客户积累到自己的鱼塘，实现重复购买，实现客户价值的最大化。有了这三步，淘宝开店复杂的卖货问题一下子就简化了，如果想做好，则需要在每一步进行细化，并要不断进行优化。

然而简单方法的好处是谁都能学会，坏处也正是如此，因为太简单了，谁都可以学会。就像一把宝刀一样，如果只有一个人用，那就是无敌的，如果人人都有一把宝刀，那宝刀也不能保证你就会赢，所以还必须继续研究。常理而言，复杂的东西就是这样从简单一点点深入进去，慢慢变复杂的。其实，如果大家按照营销4P理论规则竞争，比如推广方式的不断创新，或者促销方式的不断创新，刺激购买产生销量，整个行业都是幸运的，但偏偏有很多人不按规则出牌，不在推广（Promotion）上做文章而只在价格上下功夫，拿起价格武器打价格战，不断降价销售，比谁便宜。你卖得好卖得贵，我就比你卖得便宜，因为卖家太多了，每次定价都是在滑坡，价格一直往下降，领头的卖得最好的那个实在顶不住一波又一波的骚扰，也开始降价，这下又会引发该类别产品新一轮的价格下降，如此往复。最后的结果是，谁都没钱赚，很多卖家卖了很多，但是一年算下来却没利润。加上推广费用越来越贵，亏损的电商卖家越来越多，在这种情况下，大家纷纷寻找新的出路。淘品牌就是在这种背景下出现的，它是解决赤裸裸的价格战的方法之一，详情可见《淘品牌》书中的理论观点。

2.3.2 用价格做营销武器杀敌一千自损八百，谁都没活路，淘品牌理论试图破解同质化和没利润的新困局，主要矛盾不是卖不出去货而是没利润

《淘品牌》认为，卖家没有利润是产品同质化导致的，赤裸裸的比拼产品甚至直接出售原料，让商品没有附加值，这是导致利润低的根本原因。要解决利润低，就要把价格定高点，要想把产品卖得又贵卖得又多，首先要重新定位，选择尚未被满足的空白需求或空隙需求，就是将市场细分，然后选择细分人群中的高端人群切割，因为这部分人群购买力比较高，能够接受高价格而且也不太在意价格，这才是最理想的一块“肥肉”，所以这个定位法也叫“切肥肉”。

接下来是如何让人相信你的产品具有高价值，就是需要进行产品包装和信息包装，根据价值光环理论，把高价值的信息都往上贴，然后把这些信息布局到各个信息节点里，比如互联网上能搜到的地方，以及产品的包装上，这些信息组成信息链，从用户搜索产品品牌开始，一步一步引导用户前进，这个浏览轨迹的终点就是网店里的在售的产品，在浏览信息的过程中完成对客户的培育——也就是高价值的塑造，最终流量也来了，欲望也被激发出来了，于是他们就直接接受高价并购买了，甚至都无暇去比较一下同类产品。

那么，潜在客户是怎么知道这个产品信息并有兴趣去搜索的呢？视频的方式：通过付费广告或植入在微视频或微电影里的广告，文字的方式：通过新闻或软文的方式。互联网的最大特点就是搜索，它能将有强烈需求的人找到，并立即用信息对他洗脑，这一点传统品牌通过电视媒体大面积撒网灌输的方式是做不到的，因为精准，因为利润高，这样做是值得的，也是有效的。

以上观点理论上是说得通的，而且也有大量实例在做，有很多卖

暴利产品的人，依托百度竞价或论坛软文营销，把流量引导到自己的独立网站一步步成交，赚的利润确实非常丰厚 。但是真正引导到淘宝里成交，并且成就知名淘品牌的，案例还不多。或许是在闷声赚大钱，不愿让别人知道，据一些朋友的反馈，他们在百度或论坛投放力度加大时，虽然流量都导入到独立网站成交，但是淘宝店里的销量也猛增。这种现象说明两点，第一，这些人不愿把流量导入到淘宝，是怕为淘宝做了嫁衣，这些流量反而不在他店里买。第二，也说明淘宝上的买家也是能接受高价的，贵的产品并不是卖不出去，这套理论确实能解决卖高价增加利润的问题。

不过之所以没有被大面积接受和使用，是因为它也有一定的缺陷。细心的人应该注意到，我们模拟的搜索是在百度中，而不是在淘宝搜索，而且是搜品牌名字而不是搜产品名称。在百度里搜品牌名字，我们布局的很多信息就都能出现，影响消费者的判断，这样才能一步一步引导。而在淘宝里搜索的话，第一眼就要看到价格，在没有任何信息铺垫尤其是高价值信息的强化的前提下，上来就接受一个高价，难度是有点大的，尤其是周围又要出现大量的低价产品的干扰，消费者的心就更乱了，不是那么坚定了。

所以，这套解决卖高价产品的营销理论，不叫打造淘品牌，改叫打造网络品牌或许更合适。这几年随着一些知名的淘品牌的没落，唱衰淘品牌的论调此起彼伏，我认为一个企业的兴衰，不是因为它身上的标签是不是淘品牌的缘故，如果被淘汰，是因为市场和消费者抛弃它的，细数一下存活下来的比较顽强的而且越来越壮大的淘品牌，以服装尤其是女装行业为主，比如裂帛、韩都衣舍等，其次是化妆品，如阿芙精油，他们都在品牌知名度上下了大力气营销传播，还有在传统媒体上经常做广告曝光。我们还是认为，只有当买家直接搜品牌名字占据很大比例的时候，在买家心目中才是品牌，在淘宝上才是淘品牌，单纯靠技术手段抢占产品类目入口和靠前的排名，销量固然很好，但是经不起调整，很快就会沉下去的。真正的品牌是在买家心中的，它甚至可以不依赖平台，也就是说，从淘宝上转到京东上，或者转到独立网站上，买家都是奔着品牌去的，这才是真正的品牌粉丝。

2.3.3 营销4P理论能解决卖货但难解决利润，活下来的淘品牌一定拥有核心竞争力，能有多大利润还是由创造了多少价值决定的

究竟如何做淘品牌，不同的行业不同的产品也许有不同的做法，本着这几个原则就可以了：能把产品卖出去，能卖一个合理的价格，有利润的价格，具体的方法都可以回归到营销4P理论上去寻找，比如我们观察裂帛的产品，她能卖得贵是因为她具有独特的风格，独有的设计师原创风格，而且视觉效果也特别让买家有想象空间，别家就做不到这个水平，这就是它的价值，买家愿意买单。而韩都衣舍的产品，价格在中等水平，有利润空间，比它便宜的跟它一样款式的很多，它就是靠快速更新款式以及强大的供应链压缩成本，等跟风上来之后它又换新款了，所以它的利润空间也能保持。阿芙精油是精油中价位中上等的，市场上有一大批模仿者，靠的就是你做什么我也做什么，但是我就是比你便宜，但阿芙能牢牢占据精油类目的头把交椅，靠的是老客户的忠诚，以及在传统媒体上投放广告，并有线下实体体验店做背书，还有不断在营销上的感动客户的创新，总之它就是卖这么贵，如果客户接受这个价格就能享受到优质的服务，如果图便宜也可以离开。它不断开发新客户并沉淀下来，只要老客户总量是在不断壮大的就是在成长。看这些案例可以得出一个结论，卖出产品或许不难，但是要想保持利润空间就得有核心竞争力，找到自己的核心竞争力就是在做淘品牌。

社会是需要品牌的，淘宝也是需要品牌的，如果说企业是社会的

经济支柱的话，那品牌企业就是企业中的中流砥柱，只有真正想做品牌的企业才是要做长线的，才不会是机会主义者，不会干投机倒把的事，对内可以成为几十年或百年品牌，对外可以走出国门去攻略海外市场，对老百姓来说品牌企业是一种信赖。再说回淘宝，如果电商都只想利用淘宝的流量红利，不想在知名度和信誉上投资，那就很难沉淀出优质的企业。所以我们在淘宝上买东西越来越难，不知道谁家可信，都是没听过的店家，都是一样的承诺，我敢相信谁呢？今天他可能在开业，明天可能就关门了，没有做品牌的电商企业支撑，淘宝平台也是不稳固的。媒体广告也是要有的，可以给潜在客户看，争取让他们买，也可以给老客户看，强化他们的品牌印象，在淘宝上可以先做到买了一次再强化营销。总之，知名度越大越好，在知名度上投资，是唯一需要的。

产品卖出去不难了，难的是有利润，如何卖出利润呢？核心还在于价值，裂帛的原创风格是价值，韩都衣舍不断更新的款式也是价值，阿芙做到极致的客户体验也是价值，当然这些是明的、实的，还有暗的、虚的价值同样重要，比如实体店的背书，在媒体上打广告等，这些也都是价值，只要消费者愿意为价值买单，我们就有利润。

Section 2.4 微品牌应该如何做

看了传统品牌的做法和淘品牌的做法，微品牌该如何做呢？必须吸收前辈们的精华，牢牢抓住本质，再结合微商的特点，找到做微品牌的办法。接下来，我们把传统品牌、淘品牌放在一起剖析，提炼出要点和本质，在此过程中启发微品牌的思路。

2.4.1 传统品牌、淘品牌、微品牌都是电商时代诞生的一胎、二胎和三胎，同父同母只是出生地和出生时机不同，它们是相互竞争抢食的关系

如前文所述，任何解决问题的方法都要先分析问题的现象和背景，微商和微品牌既然出来了一定是时代造就的，所以我们先抛出一个观点，商业车轮滚滚前进，遇到了电商时代诞生了淘品牌，继续前进又遇到了微商时代，诞生了微品牌，所以传统品牌、淘品牌、微品牌都是时代的产物，是时代“生”的。为什么我们用“生”这样的字眼呢？为什么不用“分”或“裂”这样的字眼呢？这是有内涵的。“生”是另外产生了一个事物后本体还在，“分”是变成两个或多个不同的事物后本体不在了，比如，父母生了小孩，父母还在，父母和小孩在同一个环境下生活，又形成了一个新的环境，这种环境下亲子之间的关系是相互影响的。孩子长大了，他们也可以继续“生”孩子，就是孙子，这时他们不仅自己在，自己的父母也还在，就是三代同堂的又一种新环境了，这里面的关系也是相互影响的。

在商业社会品牌也是这样“生”的，虽然我们不能说“淘品牌”是“传统品牌”生的，但是淘品牌一定要从传统品牌那里继承很多优秀的基因，这是它能够生存壮大的基因，我们也不去纠结它是不是淘宝平台所生，就像说孙悟空是一块石头所生，说不过去的时候就说是天地所生，所以如果非要纠结淘品牌是淘宝平台所生的话，那传统品牌又是谁生的呢？干脆统统都说是时代所生，“生”下淘品牌之后，传统品牌不是消失了，而是继续存在的，它们之间还是相互影响的，同时也是相互竞争的——它们在竞争生存空间，既然生活在一个环境中，而环境的资源又是有限的，必须通过竞争去淘汰那些不能适应环境的。所以淘品牌要同时面对淘宝平台不断推出新玩法，同时传统品牌的影响力还存在的形势。传统媒体的影响力仍强盛，同时又诞生了网络媒

体，网络媒体也是要和传统媒体竞争的，竞争的一个结果是媒体去中心化了。任何品牌都离不了媒体，这就是说，淘品牌在打造时比传统媒体面对的环境更复杂了，想成就一个淘品牌有点“捂不住”的感觉，之前的传统品牌打造品牌时如果想在央视播广告，只是会觉得投资很大很贵，而对于淘品牌而言，根本就没有那么一个媒体能给你机会一次性成就你，这不仅仅是钱的问题。就这个意义来说，淘品牌能活下来不易，那些能顽强活下来甚至勃勃生机的淘品牌，虽是凤毛麟角，但更值得尊敬。所以，现在提到一些淘品牌，有的人已经觉得如雷贯耳了，但是更多的人却没听说过，这都是媒体太分散导致的，所以淘品牌越来越小众，做小而美，服务一个细分群体就够了，不必像传统品牌那样成为人人皆知的知名品牌，何况任何一个细分市场群体都是很不小的，足以活得很滋润。

一胎刚生过，淘品牌刚刚几岁，时代又生了一胎，名叫微品牌，奶妈是微信平台和微商。因为辈分更低，它的长辈亲戚就更多了，传统品牌还活着，也还有钱有势才到中年，还有爷爷辈的传统媒体，说话也都很有分量，背景也很深。淘品牌这个父辈还在给人打工，他自己虽然还是打工者但他的老板——淘宝平台很厉害，实力雄厚，连爷爷辈的都怕他。而且父辈也有雄心壮志，都在慢慢积累实力想早点自立门户，但确实有点难，网络媒体这些叔叔们太多太多了，影响力都有限但是更灵活，不过更糟糕的是微品牌的兄弟们，人人都能帮着呐喊，号称人人都是自媒体，但是毕竟能影响到的人太少了。微品牌就诞生在这样的夹缝中，虽然门槛低谁都可以做，虽然有雄心壮志但是想做大也很难。不仅要从爷爷辈父亲辈那里多多学习精华，还要借他们的势，甚至也离不了爷爷辈的传统媒体、父辈的网络媒体们帮忙，很需要智慧！同时我们还要明白，学习智慧的目的是为了微品牌快速成长，微品牌和淘品牌、传统品牌是抢夺资源的竞争关系，微品牌成长得越快，父辈爷爷辈就衰老得越快，不能适应的就会被淘汰，生命力顽强的最终会在传统品牌、淘品牌、微品牌的领域里占据自己的一席之地，形成短暂的稳定的格局，等待着下一代的“产生”和挑战。

2.4.2 透过现象找本质，展开剖析传统品牌和淘品牌营销方式的异同

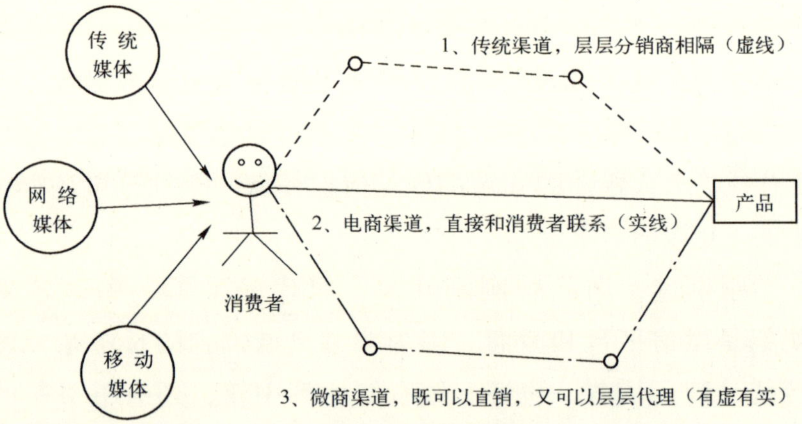

如果我们用图展现出来这种状态和过程，大概是这样子，虚线表示间接接触的，实线表示直接可以接触的。对于传统品牌而言，他不直接面对消费者，中间要经过层层分销商形成的渠道，货物通过这个管道流到消费者手中。所以传统品牌不能控制零售价，在营销4P中只有在推广（Promotion）环节发力，最常见的方式就是面对面促销和在媒体打广告，称之为陆军和空军。当消费者对某产品有需求时，面对货架上的众多产品让他选择，如果价格是既定的，包装也未必就一定能保证胜出的情况下，唯一的奇兵就是通过之前广告埋伏的种子，“看着面熟”，如果耳熟能详那就更好了。在某种意义上，知名度＝可信度，所以，在品牌知名度上投资，是可以得到持续回报的。其实，营销既要追求短期利益，又要追求长期利益，短期利益就是要立即卖东西见到效益的，只有这样才能活下去；长期利益则要求不断地在品牌上投资，把每次短期利益投资的效果都累积起来，这种投资就会慢慢

收到回报，不断释放长线红利。

我们看下面这个图，对任何品牌任何产品而言，“买过”的群体都是最小的，“听过但没买过”的群体要比“买过”的群体大很多，而更多的人则是根本“没听过”，品牌营销就是在品牌知名度上投资，让“没听过”的群体向“听过但没买过”的群体转变，让“听过但没买过”的群体向“买过”的群体转变，再让“买过”的群体再次购买。脑白金连续十几年都在做这样的同一件事，不断地打广告，不只是开发新客户用的，有时候就是给老客户看的，让他们避免遗忘。这就要求广告必须当时能促进卖货，这样就能解决营销的短期利益，同时又要坚持不懈，这样才能累积，为的是品牌的长期利益。这样的广告策划是不容易一步到位的，需要反复修改，多次测试，最终找到有效的形式并固定下来。

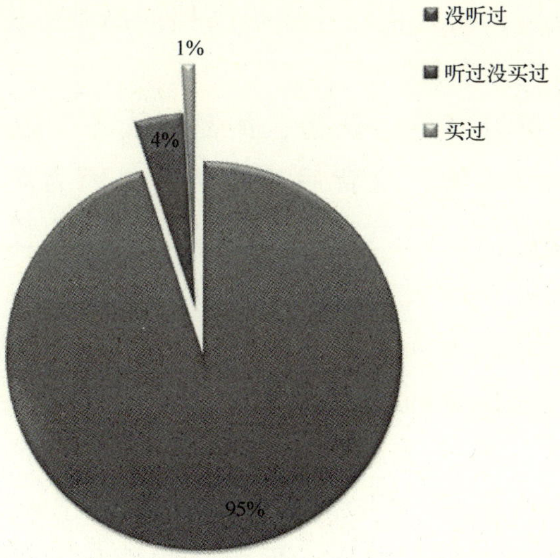

再来看淘品牌。消费者还是同样的人，当他对某产品有需求准备买时，这时不是去实体卖场了，而是打开电脑上了淘宝网，然后搜索他要买的产品，结果搜出来了很多同类产品供选择，一个个产品都在使出浑身解数向你招手，有的在主图上做文章，有的在标题上做文章，有的在价格上做文章。反正也是闲逛，那就多点开一些产品页面慢慢比较吧。因为淘宝是技术平台，谁排在前谁排在后是通过电脑技术控制的，有些技术高手觉得通过技术手段能拦截到用户，因此就不用在品牌知名度上投资了，但是他们却碰到了另一个现实困难，那就是转化率很低。在淘宝上宝贝转化率只有1%多，不到2%，买家不买的原因除了跟价格有关之外，更多的原因还是因为品牌陌生不信任，好处都是卖家说，没有在其他可信的媒体上听过。所以，当很多传统品牌纷纷进入电商入驻淘宝后，淘品牌的份额又被挤压，消费者对在媒体上经常听到的品牌还是更加信任的，对在线下实体店见过的品牌还是更有好感的，也就是说，当传统品牌和淘品牌放到一起竞争的时候，对购买起决定性作用的还是信任，而信任就来自知名度。当两个品牌都听过时，对价格起决定性作用的则是高价值的形象，比如阿芙精油可以卖得贵的原因，就是它有实体体验店，而且往往开在很高档的品牌旁边，而且它还在不停地打广告提高知名度。

所以我们也可以简单地认为，淘品牌卖不了高价的原因是知名度和品牌背书都不够。这背后的原因，是因为淘宝流量红利很大，很容易通过搞流量出单，没人愿意在媒体上投放广告打造知名度，建立品牌背书，所以当淘品牌和传统品牌放在一起竞争的时候，传统品牌又占了先机。通过这些分析我们也看到，做品牌营销就是为了解决竞争问题，就是时时刻刻通过一切手段影响消费者的心智，无论什么出身，都应该在根本上下功夫，日积月累，消费者看你选你并不因为你是淘品牌而另眼相看，他一定会根据他的综合认知进行选择的，因为这关系到他的切身利益，他是用钱做选择的，这个综合认知就是线上线下、实体虚拟一切媒体所传递的信息的汇合。既然是全面竞争，淘品牌就不能固步自封，自我设限。传统品牌可以走到线上，淘品牌就可以走到线下，反正大家都是靠产品说话，至于方法，实体店和传统媒体这些能增加知名度和背书的高端武器，有条件的当然要用。

2.4.3 微品牌在渠道上可以学传统品牌的多级代理，也可以学习淘品牌的直销，在营销方式上要由近及远全面开花，最终胜利仍要抢占消费者心智空间

再来看微品牌应该如何做。有了传统品牌、淘品牌，现在又有了微品牌，一个明显的事实是，消费者选择的机会更多了。但是对商家来说，每增加一种品牌商业模式，就增加了一个竞争者。在以前传统品牌时代，消费者只能在实体店里买，控制了渠道就等于控制了消费者选择的机会，生意就相对好做，那种商业模式下就有了国美、苏宁这种渠道的机会。一旦机会转变成既得利益，其他人无法分一杯羹，就要试图颠覆这种模式，电视购物、报纸直销、电话直销、面对面直销等各种直销方式就诞生了，它们不经过渠道直接把产品卖给消费者。随着网络的兴起和发展，这些直销模式中，网络直销（也就是电商）的发展最为迅速，成为主流，突破了渠道垄断，传统品牌商松了一口气，消费者也得到了实惠。不知不觉间，人们都到电商平台上购物去了，传统品牌中长期受渠道压迫的最先拥抱电商，既得利益者是被逼无奈拥抱电商的，这中间又诞生了一些淘品牌。然而商家刚刚适应电商规则，又增加了微信购物渠道，顾客又被分流走了。在这一波机会中，宝妈们成了微商的探路先锋，一旦见到效益后，传统品牌和淘品牌中的先知先觉者马上抢占先机，后知后觉者在观望和摇摆中随后跟进，不知不觉者在质疑中渐渐衰落。第一拨的微商先锋利用信息不对称和开拓精神抢占了先机，赚到第一桶金，但等传统品牌和淘品牌都觉醒之后，微商也必须抓紧品牌塑造，打造微品牌。一方面在微信上快速跑马圈地，另一方面积极进入其他平台和渠道，一切布局好之后就要在媒体上发力，抢占用户心智空间，做品牌知名度和背书营销。所以，通过把这些品牌的历史和兴起方式做对比就会发现，品牌是种

在消费者心里的，必须不断地播种、施肥，每一次商业机会改变和增加的都是渠道，消费者只要心里有我，在哪个渠道上看到我，在哪里方便买并不是关键，品牌是可以超越平台和渠道的。同时也说明，电商也好，微商也罢，都有一个机遇期，也就是我们经常说的红利期，是最适合一穷二白的创业者赚取第一桶金的，而淘品牌、微品牌只是这群创业者中利用第一桶金并走上发展正路的个人或企业的代号，机会出现了能不能抓住并赚到第一桶金是一个门槛，有了第一桶金之后有没有做长线做大的意志，是第二门槛。“时代”该做的都已经做了，扶上马了，也送一程了，微品牌诞生之后能不能在整个不分传统、电商、微商的商业世界里活下来，甚至脱颖而出成为后起之秀，就要看综合竞争力了。成功了是市场和消费者选择的结果，失败了则是没做对导致的。

如果把做品牌分成两步的话，第一步就是把一个名字和一些相应的信息（如购买理由、Logo、通过各种渠道听到的与该名字相关信息的总印象）种到消费者心中，这需要借助媒体工具；第二步就是解决渠道的问题，把产品呈现到消费者面前，才能卖出去。按这两步分别代入，传统品牌在埋品牌种子上利用的是传统媒体，在渠道上是利用分层的分销体系，自己不直接卖货；淘品牌在埋品牌种子上可以利用网络媒体，也可以利用传统媒体，在渠道上则是直接开旗舰店卖货，做大之后也有分销；微品牌在埋品牌种子上可以利用传统媒体，也可以利用网络媒体，更可以利用微信社交网络，人人都是自媒体，人人都可以传播，譬如朋友圈和订阅号里的信息，都是自己选择的那些或有用的、或喜欢的、或信任的、或监控的信息。在渠道上既可以直销卖货，也可以发展分销网络，它是兼具了传统品牌和淘品牌的特点的。必须提醒的是，当你做不好的时候没人关注你，当你做好的时候别人就会视你为竞争对手。较量的时候是残酷的，所有的渠道、所有的媒体都是工具，都是武器，必须灵活运用，就像传统品牌不会死守传统媒体而放弃网络媒体和微信传播的，竞争的结果必然是胜的留下吃肉，输的出局，所以要千万忘记戴在头上的“淘品牌”“微品牌”紧箍咒。名字这东西就像魔咒一样，不命名没法区分，但是命名了就容易画地为牢，总把你往那个名字里逼。话说回来，就是淘品牌、微品牌只是出身和标签，英雄不问出处，一心想着做英雄才能不受束缚做大。

Section 2.5 兼听则明，关于一些本质问题的不同声音

魏征说，偏信则暗，兼听则明。俗话说，理不辨不明。如何辨呢？就是要听到不同声音。就算是真理，也是辨出来的，真理是不怕反对的，下面探讨的内容，就当成用来引出真理的“歪理”来看待吧，无论对错，且把它当成另一种声音。

2.5.1 任何品牌都要有粉丝才能长久地活下去

任何品牌的商品在竞争激烈的环境下要想卖出去，有两个力必须至少占其一，一是品牌的拉力，二是渠道的推力。传统品牌因为不能直接接触到消费者，所以必须借助渠道的推力，而要想借助渠道的推力，就要给其更大的利润空间，但这会损害企业的利益。再者说，渠道也是借力的，自己并不想出力，谁的产品好卖，他们就乐于卖谁的，并无忠诚度可言，所以有品牌拉力的产品就好卖，有广告支持他们就乐于推广，做顺水人情。因此，不管是拉力还是推力，要么是投入在营销宣传上，要么是让利给经销商，都是在蚕食企业的利润空间。用人做比喻，不是吃不饱就是被放血，这个人健康不了。

淘品牌因为自己做渠道直面消费者，所以只在渠道上做推广就

可以卖货，不必在品牌的拉力上投资。正所谓一份投资一份回报，因为没有在品牌上投资，所以直接搜品牌名字的人不多，也没什么溢价空间，卖不上价利润也小，看似没怎么大放血，但也是长期营养不良。

有没有活得很健康的例外呢？有，就是那些老客户特别多、重复购买率也不错的品牌，这是唯一破解这种恶性循环的办法，在传统品牌领域有一个例子，就是脑白金。我们知道的是脑白金年复一年地投广告，不停地重复着那句话“今年过节不收礼，收礼只收脑白金”，平常还好，一到春秋二节，打开电视都是他们的广告，这是我们知道的营销表层。还有大家不知道的营销深层是，脑白金拥有数百万老客户群体，这些人长期服用脑白金，并不是只有过年过节才买。就是说，是这些老客户不分节假日的长期使用，源源不断地给脑白金贡献着利润，因此脑白金才能年销售额达 10 亿元左右，而且畅销十几年不衰。如果只是一年看到了两次广告买两次，那么这两次的销量顶多够支付巨额的广告费，根本不可能有盈余，更别说活得滋润了。正应了那句话，真正赚钱都是靠老客户，广告是用来发展新客户的，但更是给老客户看的，增强他们的信心的。你突然没广告了，消失了，没信儿了，客户就会胡乱猜想，可能就不敢再用你的产品。你还有钱投广告，还很有实力，他们就会继续买你的产品用，这就是客户的思维逻辑。与此相反的另一种思维逻辑则是在耍小聪明，他们认为用广告把新客户都吸引来了，老客户的复购率也挺好，就算不发展新客户也可以活得很滋润，如果把广告停掉，就可以省掉一大笔费用，利润就可以陡增一大块，于是就停掉了，于是就开始滑坡了，再花十倍的代价也难挽回，这就是小聪明的代价。

成功都是有原因的，都是在不为人知的环节修炼过内功，脑白金苦练的内功是，如何在层层分销体系下突破不能直接接触消费者的障碍，接触上而且能为他们服务。更难能可贵的是，分销体系还要支持这种做法！如我们所知的结果，脑白金做到了，而且它把利益分得很明确，定位也很明确，就是为客户服务，自己并不直销，谁的客户还从谁那儿买，不抢占分销商的利益。不仅如此，脑白金的服务还能让分销商感觉能维护老客户稳定，他们多赚了，所以就更支持这种做法，想办法把客户资料收集到脑白金数据库，让脑白金为客户提供直接的服务。比起脑白金这种传统品牌，在淘品牌里做到老客户复购率很高的例子就更多了，这得益于淘品牌直销的模式，更得益于经营者有服务的意识。《淘品牌》一书指出，淘品牌 = 服务 + 产品，它把服务放在了产品前面，说明服务对于品牌的意义要高于产品的，产品是短期的接触，服务则是长期的维系，尤其对于在淘宝上把产品扒光了卖无包装无附加值来说，服务可以增值，可以弥补赤裸裸的价格比较，而一旦这样做了，客户的复购率就很高，复购率与服务质量是成正比的。通过脑白金的例子我们看到，服务是超越任何渠道和平台的，也是消费者的刚需，不是淘品牌的专利，传统品牌一旦做好了也可以做到很好。书中还指出，一次又一次重复购买产品的忠诚客户，他们还能帮着介绍别的客户购买，这样的客户就是品牌粉丝，一个品牌就是靠品牌粉丝支撑起来的，只要品牌粉丝像滚雪球般在壮大，这个品牌就是健康成长的，一定会越做越大，而且可以活得更久。结合上面提到的停广告例子我们也总结出一点，就是商业没有稳定状态，他要么健康并不断地在发展壮大，要么就是不健康开始衰落；要么蒸蒸日上，要么开始走下坡路，只有这两种状态。经营者不能松懈，更不能犯致命错误，一松懈就会开始滑坡，而致命错误犯一次就会要命。在兢兢业业、如履薄冰地经营时，牢牢地抓住品牌粉丝并让他们壮大，就算抓住了根本，心里最踏实。

2.5.2 定位是什么，抢占了心智空间就一定会购买吗，购买只需一个理由

在做营销策划的时候，都要先定位，就好像穿衣服扣扣子一样，

总要先把第一粒扣子扣上，后面的过程才能继续，这第一粒扣子的地位就是定位。因为接下来我们要策划微品牌，也离不开定位，而大家对定位的理解又存在一定的误区，所以我们先来正本清源，弄清楚定位到底是什么东西。

西方的营销大师还专门写了《定位》一书，让很多人觉得定位是万能的工具，定位好了一切就都好了，就等着收钱就可以了，真相可能不是这样的。定位理论是从广告理论中发展起来的，是企业在不断做广告的过程中发现广告能产生一个结果，那就是不断地重复，会占据人的思想，最终影响人的心智，也就是思维模式。广告的不断重复已经让人熟悉到会起条件反射，提到某某就想到了谁谁，只要有一个触发条件，就会想起另一个事，比如一到过节，就想起了送礼，过节是触发条件，送礼是被联想起的。“送礼”又作为触发条件，让人联想起“收礼还收脑白金”的广告，这是事实，但这也是结果，就是大量广告不断重复强化的结果，没有大量重复就没有这个结果，而且是企业经过策划通过投资种了这个“因”，才产生的这个“果”。但是总结成功经验的时候，却经常倒果为因，说是先抢占的心智空间，先在消费者心中定的位，然后才有了后面成功的结果。

抢占了心智空间就一定会购买吗？如果真是这样，那么一路靠广告的那么多企业就不会倒掉了。所以，占据心智空间不等于就能销售，这是一个根本的认识。人们购买，并不是因为对产品有某种印象就会掏钱，而是你给的购买理由正是我需要的。购买，需要一个理由，不需要心智印象。所以，定位的真相是，那些成功的企业，是找到了正确的购买理由，消费者愿意为这个理由买单，总结的时候说这是定位成功，这就是倒果为因，这就是真相。不信看看伟哥和王老吉的例子。

美国辉瑞公司研发了一款治疗心绞痛的药，按照治疗心绞痛的功效宣传，销量一直不理想。公司营销人员在做市场反馈调研的时候，发现这个药虽然销量不大，但是忠诚度却非常非常高，这让营销人员非常不解：如果产品有效，人们无需反复购买。如果无效，更不会反复购买，忠诚度也无从谈起。另外还有个现象，就是购买此药的人以中年男性居多。为此，辉瑞公司展开了深入的调查，他们非常容易找到了答案，原来这些人重复买是因为该药对性功能障碍有很好的治疗效果，于是他们对产品的定位进行了调整，调整为“男性性功能药品”形象重新上市，就这样的一个举动，“伟哥”在世界范围内成了男性用药的第一品牌。

这个例子说明，任何产品的任何定位可能都有市场，如果卖火了就说明产品迎合了较大的市场需求，如果卖不好就说明迎合了较小的市场需求。这都要找到那个点，一般第一次就找对那个点的并不是很多，都是需要多次尝试，根据反馈再调整。定位，并不是让自己定死了不能动，起码在没找对点之前是需要调整的。我们再看另一个例子，王老吉已被当做定位理论在中国的最典型的案例之一，“怕上火，喝王老吉”已经家喻户晓，按照定位理论说是王老吉抢占了消费者的“凉茶”心智空间，所以成功了，但实际上翻看王老吉的经营史发现，王老吉一直是凉茶，而且之前也做广告，广告语是“上火了，喝王老吉”，卖得并不好，这能说明抢占“凉茶”这个心智错了吗？然而仅仅是把广告语换成了“怕上火，喝王老吉”就火了，所以我们看到的并不是定位抢占的心智空间导致的不火或火，而是购买理由改变了，就火了。这个例子也说明，消费者并不会因为你的定位是凉茶我就买单，而是诉求的那个“怕上火”的购买理由，是我的利益点，我愿意买单。

脑白金的成功在定位上就显得更直白了，他们在脑白金上市之初策划了很多广告，在不同地区投放，有的效果很好，广告一投卖货特别快，有的广告投了之后就没多少效果。慢慢地，没效果的广告就被淘汰不投了，只留下有效的能卖货的广告，经过不断优化使效果达到最佳，就是那句我们都知道的——“今年过节不收礼，收礼只收脑白金”，就是这个购买理由拉动了卖货，但是大家总结的时候，却把功劳归结到是脑白金定位成“礼品”导致的，也是倒果为因。我们要清楚，就算是定位成礼品导致的，也是一步一步试出来的，并不是一下子找到的。

定位是个工具；定位是个过程；定位是找到假想敌；定位并没有定死；定位能定的只有价位；定位是寻找市场。回到本节开篇，定位是第一粒扣子，但是第一粒就扣错了的多得是，后面会跟着错下去。我们来总结一下定位是什么：

第一，定位是工具而不是目的。我们在寻找市场那个引爆点的过程中，需要先定位到一个点上做基础，然后去试，对了就放大，错了就调整，但总得先有一个基础，所以要先定位。因为它是一个很好而且是必须的工具，没有它就不能找到真正能卖爆的市场，但定位本身并不是目的。如果把定位当成目的，策划的时候通过想创意，找到了一个好创意，觉得不错，就算完成任务了，实际上这是对结果不负责任的。

第二，定位是个过程。定位是从经验和分析的一个基础点开始的，寻找真正市场的过程，除非找到引爆的那个点，否则这个过程要一直下去，定位一直不结束。

第三，最初的定位只是假想敌。如果说真正卖爆的那个点是通过几次调整后找到的，那么第一次找到的定位点就是个假想敌。在经过市场检验之前，我们都是主观臆断，很多时候都是一厢情愿的，纸上谈兵的，觉得很有市场，觉得能卖火，仅仅是“觉得”或者“应该”。假想敌是说提出一个购买理由，最后引出能卖爆的“真正购买理由”，直到找到真正能卖爆的购买理由，才算真正找到了定位，最初的定位只是个参考的靶子。

第四，定位并没有定死。上面几个例子都说明，定位是在不断调整的，直到找到真正能卖爆的购买理由，如果自己把自己定死，那么，不是自己定位的目标群体来买真的就不卖吗？自己定位的目标群体一定会来买吗？这都是未知的，如果把自己定死不能动，那结果可能就真死了，因为卖不出东西没利润，是会饿死的。

第五，定位能定的是价位。过去我们定位有按市场需求划分的，但最后发现能满足这一需求的产品很多，如果以市场需求定位，结果就是同质化。后来又按人群定位，讲人群细分，满足某个群体的小众需求，但也出现了尴尬的现象就是，我一门心思想为这个小众群体服务，但是人家不买账，买账的可能又不是我想要的群体。从这些经历中反思总结，发现人为划分这些都是徒劳的，产品与用户之间只需要一个购买理由就可以发生关系，不用非要考虑我的定位是什么。那么定位到底能定什么呢？我看是价位，你定在什么价格，你在消费者心目中就是什么位置，这是可以确定的，也是可以定下来的，然而定价又是更大的学问，定价关乎生死，所以又有“定价定生死”之说。

2.5.3 定价定生死

很多营销书籍都只讲精彩的创意案例，对定价却闭口不提。然而做商业是为了追求利润，能不能有利润，能有多少利润，最后都由产品定价来决定。之前倒是也看过一些文章，总结了很多定价方法，仔细辨别后发现都是一些小技巧类的，并没有原则也没有策略，不具备通用性。这一节我们试图从几个角度探讨一些定价的问题。

对传统品牌而言，它是靠层层分销的渠道实现货物流动的，一级一级往下批发，终端零售对消费者，下一级分销向上一级进货，有一个进货价，自己然后加价卖出去，加价多利润就多，售价就贵。售价便宜，利润就少。因为货物要流通到不同的地方，有的地方需求量大，有的地方偏远，这中间产生的成本不同，如果这些成本都由经销商自己承担的话，经销商的加价就会不等，最后零售价就会不同，品牌商就算在外包装上打上“建议零售价”也控制不了实际零售价。我小时候帮家里做生意，进新产品之后，定售价的时候就很随意，有时候只是为了凑一个整，省得找零麻烦。有时候顾客说是不是多少钱，我们觉得有利润就说是，以后就按这个价卖了。

对于淘品牌而言，它主要是靠直销的，自己定价多少，消费者买到的价格就是多少，品牌方是能控制得了最终价格的。为了应付竞争，有时候会有很多价格策略，同时也出现了很多新名词，比如利润款、引流款、保护款等等，这都是按利润贡献的多少划分的，引流款是不赚钱的，有时候还可能会赔点钱，但是它把人引来之后，靠利润款赚钱，产品之间相互配合，这种分法就有策略在里面。对于卖的最多最火的爆款，定价就不能太随意，爆款一般有个价格带，销量最大的都集中在某个价格区间，价格高于这个区间的销量在减小，低于这个区间的，销量也在减小。所以要做爆款，首先要把价格定在爆款区间内，否则转化率就是上不去，销量也做不爆。这也能解释为什么卖的最多的产品不是价格最便宜的，这是因为最低价格的不在爆款价格区间，所以销量不大。爆款价格区间反映了消费者的购买心理，还有消费能力，少部分只追求品质的人买稍贵的，少部分贪图便宜的人只认价格，大部分的消费者还是选择性价比高的。这种现象告诉我们，如果想赚取暴利，就要接受转化率低、销量小的事实。当然在网上因为可以把小众人群聚集起来，所以像前面提到的百度竞价类销售网站，也可以实现在赚取暴利的同时销量也不小，但是对于常见的大众消费品而言，要想卖爆，定价还是要在一个合理的范围。

定多少算合理呢？实在是没有明确的指标，不过有两种情况我们要说一下，一种情况叫单品定价，一种情况叫实际收益，区分这两种情况有什么意义呢？学问就在这里面，一方面我们说定价定生死，指的就是单品定价，另一方面单品定价与实际收益并不能直接划等号。举例说，定高价利润空间就大，但是买家一看高价就吓跑了，最终实际收益是0，定低价利润低，甚至不赚钱，只要吸引了客户咨询，通过运用心理战术也能实现让客户买高价产品的目的，甚至买得更多。生活中我们经常遇到本来是想占便宜的结果多花了钱的例子，消费者没有判断能力，只有比较能力，所以谁的好谁的不好没法判断，但谁的便宜谁的贵一比较就知道了。上面讲的价格策略，也是在单品定价和实际收益中的综合运用。

总之，如果想让实际收益增多的话，就不必只通过单品定高价一个办法实现，一旦近身肉搏战，而不是只靠价格被筛选掉的话，就可以发挥智慧的力量，迂回实现实际收益更多的目的。

单品定价还有另外一层意思，就是这个品牌就一个单品，这时候的定价更要谨慎，定好了可以卖火，定不好销量就少的可怜，只能做别人的陪衬和参照。因为没有兄弟产品做掩护，所以单品定价不能太高，我们建议找到爆款价格区间，比如爆款价格区间是“100～200”的话，低于上限定个199这样的价格是合适的，这样的价格有卖火的群众基础，又是这个前提下利润空间最大的价格，如果超过200，情况就又变了。

定价定生死的另一层含义，是一旦超出了本应有的范围，竞争对手就变了，不再是同类别的竞争产品了，而是和其他类别在竞争了。每个人心中都有一个比较，觉得这个应该值多少钱，超了我就换类别。比如早上吃早餐，一家卖包子的，一笼包子卖5块，旁边一家卖粥的，一碗粥如果定价在一块两块，那么他的竞争对手是粥或者豆浆，如果定价5块一碗，那它的竞争对手就是小笼包了，很多人一问价格就会放弃选择粥而去买小笼包，假设早餐预算只有5块钱的话。因为在人们心目中，对一碗粥的预期就是一块两块，无论你放了什么，也不能超过3块，如果再贵我宁可吃肉（包子）去。

最近两年互联网思维很火，互联网思维讲求创新讲求颠覆，最厉害的就是别人赖以为生的赚钱的业务，别人能卖高价的产品，我们创新之后重新定个价，定价为0，也就是免费，把人气拉来后我们再开发别的业务赚钱，所谓羊毛出在猪身上让狗买单。只这一招，有的企业生了，有的企业就死了，真是定价定生死啊！

2.5.4 定高价的真相：高价是从低价涨上去的，还是一步到位的？

前面我们提到过《淘品牌》这本书，书中提出了定高价“切肥肉”

理论，经过作者的亲自实践，发现“切肥肉”理论有一定的理论缺陷，那就是在定价的时候。我讲解决同质化的问题要用差异化，也就是做自己的品牌来解决，做自己品牌的过程中要切肥肉，这个肥肉是从细分市场中选取的高端人群来切的，因为这群人的购买力比较强，实际上这是一个理想状况。也就是说，这群人的购买力是很强，但是人家会不会花高价买你的产品，你是不是上来就能一下定高价？这是不一定的，需要一个过程。也就是说，尽管他的购买力很强，这些人购买东西的时候，看中的是品牌，是附加值，是这个名字背后的东西，如果我们是一个新品牌，知名度没有，产品说服力也没有的时候，上来就定高价切肥肉是不对的，经过实践发现，就算你定位的是这个群体，也要一步一步来，从物美价廉开始，这一点，我们从苹果产品得到了启发。

苹果产品，不管是手机还是电脑，质量都很不错。苹果产品是不是上来就卖那么贵？也不是。我们看看乔布斯在返回苹果之后的创业历程，是从 iPod，也就是改良的 MP3 开始，并把这个产品做到极致。也就是说，先有一个产品奠定自己在市场中的地位，赢得口碑，赢得品质感，而且定一个比较合适的价格，最好是物美价廉的价格。我们都希望高价，高价卖出去是要有一个过程的，高价是在水涨船高、供不应求的时候，比如说，顺丰经常涨价，每次涨价是为了过滤掉一些低端的客户，因为他服务不过来，忙不过来，业务应接不暇的时候，他就通过提价来提升品质，在这个过程中，会筛选掉一部分人。迷恋品质的人会越来越忠诚，所以最终形成了苹果的高价，这是有一个过程的。如果你上来就定高价，在人家还不知道你是谁，不会为你的名字买单的时候，实际上是卖不出去的。尽管你的质量可能很好，但是受众群体很少，因为大家对你是抱着怀疑的态度的。本来定位的可能就是小众群体，小众群体中的高端是很挑剔的，对陌生的东西是不信任和怀疑的，而且他买的是附加值，你的名字本身又没有附加值，所以销量是上不去的，想做爆款也几乎不可能。这是我们从做淘品牌的时候得到的一些启示。

那么，我们在做新的微品牌的时候，是不是也要遵循这个规律呢？也就是说，在定价上，要让大家感受到物美价廉，都能够接受，而不仅仅是切肥肉，真是这样吗？在下一章我们会看到一个案例——大卫博士能量内裤，却是反其道而行之，走的是高定价路线，似乎更受到代理商的追捧。究竟自己的项目应该如何选择，实在是应该多维考虑，兼听则明，有时候负面也是一个角度，起码它会引起我们的思考。明辨之后，再做决定，毕竟定价能定生死。

Section 2.6 微品牌策划案例——陈伯牌老公天天晨勃补品

这一节，我们将运用前面学到的知识，学以致用地策划一个微品牌。其实，所有品牌都可以这样策划，也不仅仅局限于微品牌，因为我们策划的是品牌的基因，其适应范围是非常广泛的。

2.6.1 项目背景

有一天，不知通过什么渠道，马来西亚陈氏集团找到我，请我帮他们做个策划案。他们自称看过我写的书，想借助中国电商的东风，把马来西亚的一些特产卖给中国的消费者。陈氏集团主要经营马来西亚的特产，在当地素有人参美称的一种植物，叫东革阿里。它外形就是一棵树根，有的很粗有的很细，越粗说明树龄越长，听说他们的总理都曾为东革阿里代言，还听说去马来西亚旅游的人大多会带一些回来。我向身边的一些朋友求证，发现确实如此。陈氏集团的优势是，他们控制了当地有百年树龄的非常优质的货源。我问他们这种植物到底有什么功效呢？他们说，你自己先试用一下吧。于是我就开始试用，按照他们提供的切片配合一些辅助物，泡水喝，一天喝两三次，喝到没味道时就倒掉。我一连喝了两三天也没什么明显的感觉。到了第4天早上就开始有强烈的晨勃现象，精力很充沛，以前我有点喜欢睡懒觉，但是现在睡不着了，有起床奋斗的冲动。继续喝，发现之后每天早晨都有晨勃现象，无任何不适感，身体感觉很充实，而且并没有一丝躁动。我想到中医里有所谓“精满不思淫”的说法，这个补的过程可能就是达到了这种状态，虽然未满，但是仍然可以让身体不躁动，心态很淡定，我觉得这个东西对我挺好的，可以补充精力。

那么这个东西只对男人有效吗？或许我还年轻，所以见效比较快，那么对于上年纪的人能不能用呢？对于身体有毛病的人能不能用呢？按我们中国人的思维，有好东西一般要给家人分享。陈氏集团的人告诉我，这对女人也有补充精力和体力的效果，对痛风效果也比较好，在马来西亚甚至还可以治感冒。因为好多毛病都可以自动调理好，他们也没敢多说，怕被当成万能药，就说你去试吧。我分别给父母朋友试用，我父亲耳朵经常耳鸣，我就跟我父亲推荐，我说这可以让你不耳鸣，他就喝。我的母亲有股骨头坏死这个病，做过手术，属于关节方面的毛病，再加上劳累，精力不济，我也推荐她喝。我有个朋友膝盖老疼，属于风湿性关节炎，也属于痛风的一种，我也是针对她的毛病推荐给她喝。我的爱人也有肾病，腿脚容易水肿，喝完这个之后尿量增多，看来对强肾也是有好处的。总之，这些亲人朋友测试之后，身体状况都在改善，老毛病都在逐渐减弱，同时都说身上有劲，精力充沛，加上我自己的亲身体验，使我对这个东西建立了一定的信心。接下来，就是如何帮他们策划出更好的卖点，把好东西分享给更多的人享用了。

2.6.2 寻找痛点，从各地精子库告急发现需求，而晨勃是男人的硬指标

从上一节我和身边的人的亲身体验来看，东革阿里就像个万能神药一样，好像能包治百病，但这反倒让人无从下手。我甚至没法给它定性，它到底属于哪个产品分类呢？反正它就是个纯天然的植物，对人体有很大的好处，尚未发现坏处，至少自我本人及我家人试用这么久以来，是没有坏处的。其实，古人本来就有药食同源的理念，很多东西既是食品也是药品，平时也具有保健功能，索性，我们先不去纠结产品归类问题，直奔市场的痛点。因为它的功效很多，但不可能说它可以包治百病，有效的市场营销方法通常都是只打一个点，最好是刚需的点，这是旺销的保证。通过一个接触刚需点，在使用过程中如果把其他的陈年旧疾给解决掉，那么以后消费者对这个产品的忠诚度肯定会更高。就这么办！

这个刚需点去哪里找呢？一方面来自生活的积累，另一方面需要媒介触发灵感。刚巧我读报纸时发现，一段时间内总有这样的消息，“某地精子库告急”，呼吁成年男性去踊跃捐精。以前看过类似的消息没在意，现在再次看到这个信息时仔细品读了一下，解读出两个问题。第一，为什么会告急呢？说明有很大的市场需求！很多家庭需要进行人工授精，这就说明不少的男人生育能力出现问题了，这是一个很可悲的现象，一个社会问题，也是一个社会需求。第二点，我有一个疑问：难道大家都没有爱心不捐精吗？听说现在捐精还有补助，而且补助还不错。捐精其实是一件非常简单的事情。为什么不去捐呢？后来仔细了解才发现，并不是没有人捐，而是很多人捐的都不合格。现在医院把捐精的主要对象，都集中在大学生群体上，因为他们比较年轻，身体可能好一些，但是就算是大学男生，不少人的精子质量也不够好，

活跃度不够，浓度也不够，生育率也不高，这说明当代中国男人的生殖健康真的存在一定问题了。这个问题如何解决呢？能不能和这个产品挂上钩来解决呢？还要继续做功课。

我和几位中医聊了一下这个问题，问他们如何看待，他们说许多成年男性长期精气消耗过大，处于亏空乃至干涸状态，不能得到休养生息和及时补充，久而久之，精子能量就不足，失去能力。所以解决之道是，一方面要注意养生，另一方面则要把亏空的东西补回来。如何补呢？用什么补呢？这就和产品挂上钩了。我又请教了陈氏集团的人，这个产品的真正作用是什么，得知其实东革阿里就是具有补充人体原始的能量、增加肾气的功能，对男性有生精的作用，对女性生殖系统也有补益。

那我就把透支亏空的男性作为目标。补平亏空，让身体由虚变实，就是这个产品的价值，主打这一点，其余不提。

接下来的问题是，怎么知道男性的身体开始亏空了呢？有没有指标呢？根据常识我认为可以有个突破口，也就是找到一个大家都知道的现象，作为判断身体的指标，这样目标群体就能够自己判断然后对号入座了。突破口在哪里？怎么寻找呢？我们应该首先了解每个男人自己的身体状况，在中医理论中，男人属阳属刚，男人的身体强健与否，他自己的阳刚水平怎么样，他的阳气足不足是有指标的，这个指标就是男人的晨勃现象。一般而言，如果一个男人没有了晨勃或者很久才有一次晨勃，说明他的阳气可能是不足的，他的身体可能处于虚、空、亏的状态，这个时候就该进补了。

既然东革阿里有这个功效，根据定位理论越聚焦越好，就算有一万个好处我们也只说一个，聚焦到帮助男人恢复晨勃这一点，就主打这一点。在服用的过程中，实际上身体是一个全面调整的过程，可能会有其他问题被顺带解决了，这对健康是非常有利的。我们心里有数但不明言，因为营销要的是清晰准确的印象。目标对象找到了，突破口也找到了，接下来要考虑的是对谁说更有效，以及怎么说，下一节继续探讨。

2.6.3 定位成老婆送老公的补品，先找一个假想敌

目标对象是男性，但为了实现顺利销售，还要进一步细分，因为并不是每个男人都需要。出现亏空虚状况的男性是有规律可循的，这个规律就是年龄，如果以晨勃现象作为指标，过去年龄范围在30岁以上、50岁以下的婚后男性，是晨勃现象开始变少的主要群体，但是现在可能要将年龄提到25岁了，不过我们还是把主要群体都贴上一个标签：婚后。这是这个群体的主要特征，从身份上说，他已经做了别人的丈夫，换句话说，身体状况下滑已经不止是他一个人的事情了，而是关系到一个家庭的幸福，家庭成员都是关心者和受影响者，比如父母、老婆、还有子女。当然，在这些角色中，知道最清楚以及最直接的利益相关者，就是老婆。

推理至此我们发现，虽然产品定位是给男性用的，用户是老公群体，但购买者不一定是老公本人，完全有可能是其他人，行动力最强的可能是老婆。这种产品就是用户和客户可以分离的情况，一下子让我想到了脑白金案例，或许参考脑白金的案例可以得到更多的启发，因为我们现在虽然知道谁在使用，但也面临对谁诉求、让谁购买的问题，跟脑白金有很多相像。

脑白金作为一个保健品，能够畅销15年以上，经久不衰，首先是因为产品有效果，这一点毋庸置疑。虽然社会上有各种各样的质疑，但是我们相信掏钱购买的人并不是傻子，如果没有效果的话，不可能会有人年复一年地买。而且在这么多年中，不可能全部开发新客户，老客户没有一点坏口碑。脑白金定位的就是礼品，也就是说，保健品市场这么多年下来，真正剩下来的产品并不多，脑白金作为为数不多能够存活下来的，成熟且成功的保健品，除了跟质量有直接关系，还

有就是产品定位，脑白金定位的是礼品。“今年过节不收礼，收礼只收脑白金”“孝敬爸妈脑白金”，所以，用户可能是长辈，收礼的人或者是父母，而送礼的，掏钱的客户，可能是子女、晚辈，这中间有情谊在。

我们在做产品定位的时候，也可以借鉴礼品定位的做法。如果说是老公用的，我们希望由老婆购买送给老公补身体，因为这里面有情谊在，有爱在。因为老公如果身体差老婆是很心疼的，老公努力奋斗为了这个家，老婆一旦知道老公的身体素质下滑，她也希望老公身体越来越好。这时候，老婆如果帮老公买这些产品去补，补完之后老公身体更好了，更努力工作，夫妻生活也更和谐的话，老公也会非常感激老婆的，老婆也能从这种感激中感受到更强烈的爱意，她就更愿意去买。所以，如果定位成礼品，定位成老婆购买送给老公的礼品，这中间就有附加值产生。

相信读者也会和我的一些朋友一样有疑问，那就是为什么不打壮阳的概念。这是有原因的，我们分析一下。首先，“壮阳”是一个被用滥了的概念，一提到壮阳就让人想到一些低俗的东西。其次，晨勃概念是一个健康概念，是一个正常的生理现象，老婆也容易判断老公身体是否亏空，知道什么时候该补，而壮阳则不知道什么时候该补。第三，壮阳是个急切的概念，而晨勃则是立足于身体健康的。第四，壮阳概念没法做成礼品，如果老婆买来壮阳产品送给老公说，你该壮阳了，老公的自尊心会受到伤害，弄巧成拙。而晨勃概念则是易于操作的，老婆发现老公晨勃变少后就可以买来给老公进补，希望老公精力更充沛，这是夫妻情深的关切，出发点是爱，会让感情更好。总之，在大家印象中进补是一种正常的现象和行为，是为了健康，而且由老婆参与进来，就更加光明正大了。

当然，根据前面章节的定位理念，我们现在做的只是根据推理分析，先找个假想敌出来，还需要经过市场检验，如果消费者买账，那就是定位对了，如果消费者不买账，那就还要调整。

2.6.4 运用华与华方法创意购买理由超级话语，这个理由让用户想用，让客户想买来送用户

市场需求的痛点已经找到，目标用户和购买客户也已经分析出来了，如何让他们行动起来去购买呢？根据华与华方法（华杉老师写了一本书《超级符号就是超级创意》，他在这本书里介绍了华与华方法，也就是策划品牌的一系列方法。这个方法介绍了品牌策划的步骤，一个品牌策划出来，怎么样让消费者一听到看到就愿意买单，就有熟悉感，亲切感。我们下面的创意策划部分是受到这本书的思想影响的），我们有三件事要做，也就是要想三个创意，分别得到一个超级词语——产品名称；一个超级话语——产品口号，也就是购买理由；一个超级符号——可以让消费者帮我们传播。在华与华方法中，因为立足于做一个长久的品牌，所以要找一个足够大的市场，而且要用最低的成本去做，这就需要有创意，找到“超级”魔力点，实现低成本以小博大的目的。

华杉老师提出了“所有事都是一件事”的概念，就是说，不管是为了得到产品名称（超级词语）、产品购买理由（超级话语），还是得到一个可以自己传播的超级符号，最终都是为了一个目的，那就是用最低成本把产品卖出去。所以这三件事之间是相互关联的，要想一起想，要出现一起出现，如果非得有个先后顺序的话，后出来的要照顾先出来的，也可能会修改先出来的，以达到首尾呼应的目标。

既然如此，我们就先从离消费者最近的“产品购买理由”开始创意。因为从接触的顺序看，消费者不是先看到产品的，而是先接触到产品的口号，可是通过广告，也可能是通过别人介绍的，是那一句话引起了他的注意，引起了他的兴趣的，也是通过那句话他才知道原来

他也是需要的。那句话就是购买理由，那句话就是超级话语，那句话就是我们要找的。

所以我们需要先编一句口号或广告语，类似于“收礼还收脑白金”这样的广告语。这句广告语就是超级话语，超级在哪个地方？它让人一听就会有感觉，就会觉得很熟悉，就会把他原来思想宝库里面储存了很久的东西打开，感觉这是很熟悉的东西，这样一句话就叫超级话语。我们需要找到这样一句话，让消费者听了就行动，心动之后就购买。脑白金的定位是礼品，它的口号里也有“收礼”，我们的诉求点是“晨勃”，所以口号里也应该围绕这个词创意，比如：

补晨勃，让幸福更持久

补晨勃，让爱更麻辣

补晨勃杠杠地，天天一柱擎天

创意过程中想到的点子很多，为了节省篇幅我们只列举了3条出来，在这3条中看哪一句话更有感觉呢？显然是最后一句。为什么呢？因为它是我们的口语，是经常说的话，是我们最为熟悉的语言方式，看到它一下子就很亲切和熟悉。这就是超级话语。话语与词语不同之处是，中间有逗号分隔。

这样一句话，对于那些晨勃次数很少的人、强度不够的人、想要更强的人，都会引起他们的注意，让他们产生兴趣，产生想进一步了解的欲望。就算不买，很多人觉得这句话有意思，也会记忆深刻，如果时不时说出来调侃一下，这就是在帮着我们传播了。华杉老师说超级话语是：一目了然、一见如故、不胫而走，过去我们听过一遍就记住的很多广告语。比如“地球人都知道”“男人就该对自己狠一点”，都是超级话语，“补晨勃杠杠地，天天一柱擎天”也是这样的超级话语，一目了然，一见如故，也必定能不胫而走。说到不胫而走，又牵扯到传播的问题了，刚刚我们提到过“所有事都是一件事”，就是这个意思，因为我们稍后要创意的超级符号就要跟这句话遥相呼应。

2.6.5 用超级词语为产品命名：老公天天晨勃补品

有了超级话语包含的购买理由，就能引起目标消费者的注意，他本来不知道“晨勃”还能补，是我们告诉了他可以补，补的结果就是“杠杠地”“天天一柱擎天”，这是他想要的。当他的身体不是很“杠杠地”的时候，不是“天天一柱擎天”的时候，他就可能想到这句话，因为想要这个结果，这句话就成了购买理由，这就是超级话语的威力。

兴趣有了，接下来该产品出场了，就是有什么东西能“补晨勃”以达到“杠杠地，天天一柱擎天”的效果呢？一定是个产品。我们创意了以下候选项：

晨勃食品

晨勃饮品

晨勃饮片

晨勃茶

晨勃口服液

晨勃补品

老公天天晨勃补品

如果把以上这些词写到包装上，哪个词对消费者的召唤力更强呢？毋庸置疑，最后一个“老公天天晨勃补品”的召唤力最强。

以上这些创意词语的区别是，立场不同，不管是食品、饮品、饮片、还是茶、口服液，都是从产品（形态和性质）的角度出发，而“补品”则是从消费者的立场出发。

如果是这样的话，就叫“晨勃补品”就好了，为什么叫“老公天天晨勃补品”这么长的词呢？以前好像没见过这么做的，是不是太啰嗦了啊，精简一下不好吗？

不好！

因为大家还不知道词语的威力，尤其是超级词语的威力，更兼对产品命名有误区，所以为了说透我们多费一点笔墨。

试举一个常见的例子，假如我们去超市买醋，看到一堆同类产品，有的产品名称写着“山西陈醋”，下面有行小字“适合吃饺子、凉拌”，而另外专门有产品名称上直接写着“饺子醋”或“凉拌醋”，假设你今天正准备吃饺子，你购买哪个的几率更大呢？显然，“饺子醋”的召唤力更强，它就像命令一样，直接给你下了选择的命令，不让你再思考。这个小例子说明，词语是有召唤力的，命名就应该选择这种召唤力很强的词语，它能让你在竞争中脱颖而出。

这个例子还说明，词语和话语比起来，“山西陈醋，适合吃饺子、凉拌”是话语，有逗号，而“饺子醋”是词语，词语比话语更权威，更不容置疑。

词语很多，就像我们上面列出的创意候选项，都是词语，但是它们的召唤力是不一样的。如果“晨勃补品”算一般词语的话，那么“老公天天晨勃补品”就是超级词语，因为它的召唤性最强、权威性最强、命令性最强，不信的话我们对比一下：

拿“晨勃补品”和“天天晨勃补品”对比，加了个“天天”就给人不一样的暗示，“晨勃补品”用了之后会有晨勃，但是不是天天有则不确定，而“天天晨勃补品”明确地告诉我们，用这个补了之后就会天天有晨勃。谁天天晨勃呢？老公呗！既然前面我们准备将产品定位为礼品，那就是让老婆选择的，这话就是说给老婆听的，所以把“老公”一词加上，对“老婆”这个角色就有召唤性和命令性。最终组合的这个词：老公天天晨勃补品，就是一个超级词语，用这样的词命名，产品就像在对消费者招手，直接选择它！

还有一种注册思维在局限着我们，就是会觉得这么长的名字不好记，而且不能注册，所以不用。华杉老师说，品牌要商标，产品命名就不要考虑商标了，就用通用词汇，不是在商标局注册，而是在消费者心中注册！

真是一语中的，直达目标！

还有一个角度不知道大家注意到没有，那就是承接，从购买理由引发的兴趣，在看到产品名字后，要能承接得住。当听到“补晨勃”的口号刚刚有点兴趣时，再看到一个产品上写着“老公天天晨勃补品”，我就知道这个东西能实现我想要的“杠杠地，天天一柱擎天”的效果，这是一个补品，所以“补晨勃”，前后呼应，两处都有“天天”更是在强化效果。

2.6.6 先讲故事再定品牌名字，故事要简单人人都能讲

上一节用超级词语为产品命名，是解决这个产品是什么的问题，并没解决这是谁的问题。它是谁？就是要给品牌取个名字，可以注册，受到保护，不侵犯别人的权利，也不容别人侵犯，这样的品牌名字可以累积无形资产，值得不断投资。什么是好名字？华与华方法给出的角度，是从降低投资成本方面进行考虑。比如，有的名字别人看一遍就记住了，有的名字需要重复很多遍才能被记住，那么相比之下，如果投广告的话，一遍就能被记住的名字投资成本要低很多。“脑白金”在取名字的时候，史玉柱和他的团队总共列举了200多个名字候选，逐个看了一眼后问大家还记住了哪个名字，发现“脑白金”这个名字遥遥领先，所以就决定用这个名字。而我们有的人则很随意，有的请风水先生帮忙取，我自己也经常收到这样的请求说：马涛老师，你帮我的品牌取个名字吧？其实，名字除了好记之外，还要讲究含义与所做的事情匹配，再次重复一下那句话，所有事都是一件事，包括取名字也是整体策划的一个环节，它并不是孤立的，在我们要做的这个产品中，还要把品牌故事一起考虑进去。

说起品牌故事，我认为就像定位一样，也存在一些误区。怎么样

来看待品牌故事呢？它到底是干什么用的呢？是不是每个品牌都必须有的标配呢？不见得。我看了太多太多的天猫旗舰店，因为每个旗舰店都必须有一个商标，也就是一个品牌，于是每个店铺都有一个栏目，名曰“品牌故事”，就是讲这个品牌的来历。有的故事很长很长，情节曲折，就像在看小说一样，也有人在看过《淘营销》书里的牛肉干故事后，花高价请我帮他编故事。一开始我也欣然接受，但是随着时间的推移和知识的沉淀，我开始反思品牌故事的本质，难道真的为了故事而故事吗？一个故事真的要悬疑、离奇、波折吗？我们回想一下张瑞敏砸冰箱的故事，实际上反映出了张瑞敏对产品品质的要求，很短，也没怎么渲染，就是实实在在做人做事。所以，一个品牌故事不见得非要高大上，最好是我们身边的，不一定是传颂几百年或者传奇的故事，那离我们有点远，大家反倒不爱讲。爱讲的一定是口语化的故事，离我们最近的才好呢。因为故事就是说给别人听的，别人听了认可了又讲给其他人听，所以能听懂、能认可、很简单、听了也能讲给别人听，就是一个好故事，也可能就几句话。

回到我们补晨勃的补品上，这个产品是怎么来的呢？就是多年以前，一些国人为躲避战乱下南洋，陈氏也是其中之一。他出身中医世家，漂洋过海到了马来西亚，在当地仍以行医谋生，为当地人和华裔治病。不过，他用的是本地产的草药，然后就发现了东革阿里的药效，并按照中医理论对该植物的寒凉温热药性进行分析，再搭配上其他几味药，摸索出了一个方子，这个药方不仅可以降低东革阿里的苦，而且对促进晨勃效果很棒，比只喝东革阿里效果要好很多。就是这个来历，没有什么玄奇的情节，但是讲给朋友听的时候，他们一下子就记住了，觉得很信服。

陈氏集团的负责人第一次给我讲的时候，也是这样讲的，我也觉得合情合理。我听了一遍，就能讲给好多朋友听了，按照上面好故事的标准，这就是个好的品牌故事。

当然，好故事还有更大的好处，就是能给人灵感，在他们说到中医世家的时候，我脑海里就浮现出一个老中医的形象——一个老头，留着山羊胡，一副悬壶济世的形象。如果突然出现在我们身边，我们一般怎么称呼他呢？陈爷爷、陈大爷、陈伯伯……且住，把“伯”字再去掉一个，就变成“陈伯”，跟我们产品定位名称“晨勃”读音一模一样，音相同字不相同，索性不如就叫“陈伯”牌，因为这个药方就是他发明的。可以吗？只要能注册，只要不侵犯别人权利，就没问题，简直好极了！

定了名字之后再马后炮梳理一下品牌故事，就成了这样的了：陈伯出身中医世家，为躲避战乱下南洋，来到了马来西亚继续治病救人，结合当地特产的中草药配出了一个药方，对补晨勃效果极佳，而且口感不错。就这么简单，人人都可以听懂，人人都可以讲给别人听。

品牌名字有了，我们还需要修改一下产品名字和口号，把自己的品牌做进自己的广告里。这话是什么意思呢？用前文提过的例子来说明一下就很容易懂了，比如“今年过节不收礼，收礼还收脑白金”，这句超级话语口号里就包含了“脑白金”品牌，而“地球人都知道”这句超级话语口号里就没包含品牌名，超级话语口号是极具传播力的，因为没有带上品牌名字，以至于后来很多人只会传播，而忘记了是哪个品牌的广告，这就亏大了。我们就要避免这种情况出现，所以把超级话语口号修改为“补陈伯杠杠的，天天一柱擎天”。因为“陈伯”和“晨勃”发音一样，所以修改过后还是一样的读音，这样就把自己的品牌广告做到传播载体里了，同时，产品名称也有了全称：“陈伯牌老公天天晨勃补品”。似乎字数更多更长了，但无所谓，因为大家挂在嘴上传的是口号，不是这个长名字，这个长名字是写在包装上让人看的。

关于品牌取名字再补充一点，因为汉字多音字的原因，所以取名字的时候应该尽量避开，否则在传播的时候大家只记住了音而不知道是哪几个字，尤其是在网上搜索的时候，完全可能搜出别的产品，或者到别人家购买，这是在为别人做嫁衣，非常不可取。

2.6.7 创意一个可以自己传播的超级符号：补陈伯杠杠地，天天一柱擎天，超级符号才是超级创意

两个陌生人之间如何快速熟识起来呢？当然是通过熟人介绍。那么，如何让消费者对一个陌生品牌快速熟识起来呢？当然也是通过共同熟悉的媒介介绍。也就是说，如果给新品牌找到一个点，而这个点是消费者本来就很熟悉的，消费者通过这个点很快就会熟悉并记住这个新品牌。不仅如此，而且还像多年不见的老朋友一样熟悉，这个点就是超级符号。符号包括哪些东西？包括旗帜、文字、图案、音乐、手势、纪念碑、发型、服饰等，凡是人类能够接收到并且可以识别特征的信息都可以成为符号。而超级符号，就是我们记忆宝库里已有的非常熟悉的东西，如果能把这种东西找出来嫁接到新品牌上，那么新品牌就从陌生一下子变得很熟悉，毫无陌生感了。过去我们打造品牌所追求的知名度和美誉度，投入大量时间和金钱要的也无非是这种效果，现在通过嫁接一下子就达到了这种效果，从投资成本角度看，没有比这种方法更划算的了。所以，找到这种超级符号，才是最大的创意，也就是超级创意，华杉老师的《超级符号就是超级创意》的书名，也就是这个意思。

我们前面创意了超级话语，找到了口号，是个不错的创意。又创意了超级词语，为产品命了名，也是不错的创意。但是，如果再能找到一个超级符号出来，那才是超级的创意。刚才有一点没有提到的是，为什么要让新品牌通过超级符号嫁接从陌生变得很熟悉呢？因为，在消费者的选择逻辑里，熟悉的比陌生的更有信任感，而信任是成交的第一把钥匙。也就是说，所有事都是为了成交。华与华方法认为，品牌的知名度是永远不够的，在品牌知名度上投资是永远正确的一件事，让更多的人知道你的品牌没有坏处。但是，传播知名度如果只靠广告的话，

那显然不是成本最低的方法，如果能发动消费者替我们传播，不仅免费而且效果要比我们自己说好很多，而且理论上可以做到无死角覆盖，最牛的甚至可以代代相传。所以，华与华方法主张，要找到一个超级符号进行播传，我们播一遍出去，就好像开启了传声机，消费者就自动去传给别人了，我们自己的力量是有限的，人民群众的力量是无限的，超级符号携带着品牌能够自我复制，一传十十传百地散播开来，品牌知名度很快就上去了。

其实，我们是想把这句口号“补陈伯杠杠地，天天一柱擎天”传播出去，或者说播传出去。本来这句话就有传播力，当别人说给我听的时候，我是用听觉（耳朵）接收到的信息，如果再能增加视觉的东西，印象就会更深。如果再把视觉的东西变得好玩有趣，给别人演示一下，模仿一下的表现力就被激发出来，该怎么创意呢？后来我们发现有人说话喜欢打手势，如果给这句口号配上大家熟悉的、能识别的专用手势，让人一看手势就非常熟悉，就能想到这句话，这种手势是自己平常都打过的，自己本来就会的，就很容易模仿并表现给别人看，这种专用手势就是我们要找的超级符号。

我们平常说“很棒”“杠杠地”的时候，会不自觉地竖起大拇指，所以我们就把竖起大拇指的手势动作作为“补陈伯杠杠地”的符号。我们平常说到一柱擎天，一般会想到一棵笔直粗壮的树或柱子高耸入云的景象，如果用手势比划，也是一根又粗又长的手指直直地对着天，这个样子更容易和一柱擎天关联上。用哪根手指来做这个动作呢？大拇指已经用了，小拇指又小又短，而且含义也不好（民间打赌赌咒的时候，伸小拇指通常代指小人，也就是君子的反义词），剩下三根手指中，如果伸无名指大家会很莫名其妙，不懂什么含义，换句话说，不仅不会把熟悉的勾出来，还会误导甚至误会，剩下的就是食指和中指了，其实伸这两个手指对着天，嘴里喊着一柱擎天，都是很形象的，不过中指还是更理想一点，因为它是最长的，气势上不容置疑，暗示性会更强。

两句加起来，共有两个手势，“补陈伯杠杠地”（伸出大拇指），“天天一柱擎天”（中指笔直向上），为了不引起误解，在说这两句话的时候，实际上是有手势切换的，我们把代表“杠杠地”的大拇指保留，同时伸出中指向上。后来有朋友建议，再配一个身体的动作，在说后一句“天天一柱擎天”的时候，让上身后仰，下身前倾，表演起来显得很有趣。这样，这 3 个动作一起就成了“陈伯”品牌的超级符号。

2.6.8 创意视频广告，编写 15 秒脚本打动消费者购买产品

抢占用户的心智空间，说得通俗一点，就是占领思想高地，用的武器就是概念、信息，用的载体就是媒介。视频无疑是所有信息载体中最好的媒介，它有声音有画面，可以同时刺激听觉和视觉，瞬间就可以把信息传递到大脑，把概念种入，从而达到占领思想的目的。

之所以营销专家都在提“抢占心智空间”一词，是因为一个概念最先被谁种入，谁就占有绝对的优势。举个例子，当我看到有个饮料品牌的广告也写着“累了、困了，喝××”的时候，我脑海里一下子蹦出了“红牛”，因为这句广告语在我的心智空间已经被红牛第一个抢占了，每看到一次这个广告，就对红牛的印象加深一次，说是帮红牛打广告也不为过。而媒介的选择，也直接决定了种入的效率，虽然视频广告效果好，但是大家容易联想到要到电视台打广告，要花很多钱，从而有点抵触，其实不必如此。前面我们说过，每一种新的销售渠道的产生，都伴随着新的媒体出现，电视是传统媒体，视频网站则是新媒体，既然视频广告效果好，而传统电视媒体广告费太贵，就完全可以选择视频网站这种新媒体投放，它采用按播放次数计价的方式，跟百度、淘宝的广告收费方式是差不多的。

为什么我们现在就要开始考虑创意广告呢？有两个原因，第一，一

个新产品刚出来，大家不知道，所以通过广告把需求激发出来，产生品牌拉力，这是消费的原动力。换句话说，只有消费者觉得自己真的需要，想购买消费，这才算靠谱的商业，如果一上来就推给渠道，动力都是来自渠道想赚钱而产生的推力，就算可以圈一时快钱，但终究会乏力的，只有来自消费者需求的动力才是持久可靠的商业行为。第二，前面我们创意的超级话语（口号）、超级词语（产品命名），还有超级符号（可以传播的手势）都要一起演练一下，需要一个展示的地方，并借助播的机会，启动消费者对超级符号“传”的按钮。换句话说，这个视频广告里，要把前面所做的工作都展现出来。其实，在传统品牌时代，一个新产品启动市场，都是从这里开始的，因为这是给消费者看的，是离消费者最近的地方，一下子就要走到消费者心里，消费者有没有心动，有没有行动，直接关乎这个项目的成败。因此，也可以说，这是最常规的打法，如果想把一个新产品做大，占领一席之地，光靠巧计奇兵是不行的，视频广告是必须的招数，只做短线只赚快钱则可以例外。

既然是必须的，又要节省成本，我们以 15 秒的广告为标准的广告长度，这是能说清楚事的最短的广告了。创意的时候，有以下几个要点：

（1）对谁讲。根据前面我们的定位，这是卖给老婆的，老婆买了送给老公进补，所以如何能激发老婆的购买动力，成为关键突破点。

（2）出什么事了。告诉老婆，老公太拼了，太累了，再不进补的话，后果会很严重。有教育，也要警醒，要让人觉到心疼。

（3）怎么解决。产品这个主角该出场了，告诉消费者，要用“陈伯牌老公天天晨勃补品”。

（4）效果怎么样。补完之后的效果，就是我们口号里讲的那样，“杠杠地，天天一柱擎天”，同时要把手势也就是那套超级符号传出来。

（5）对老婆有什么好处。老公身体强壮了，更爱老婆，老婆感觉到浓浓爱意。

（6）要消费者怎么做。最后要明确指示消费者，快去买来送老公，提示消费者要行动。

根据以上要点创意的广告脚本是这样的：

老公蛮拼的，为了我为了家（忙碌画面）

人到中年，几天才晨勃一次（疲惫神态）

（画外音）这是阳虚（惊愕），该补了

（产品出来，暗示送给老公）陈伯牌老公天天晨勃补品

（老公补后）补陈伯杠杠地（竖大拇指）、天天一柱擎天（中指向上，配合身体动作），

（老公对老婆感激）我要更爱你……

（再次重复和提醒）陈伯牌老公天天晨勃补品，快去买来送老公哦！

根据时间是否许可，还可以补一句“老婆我也要补，快送我！”，画面是一群男人在说同一句话。

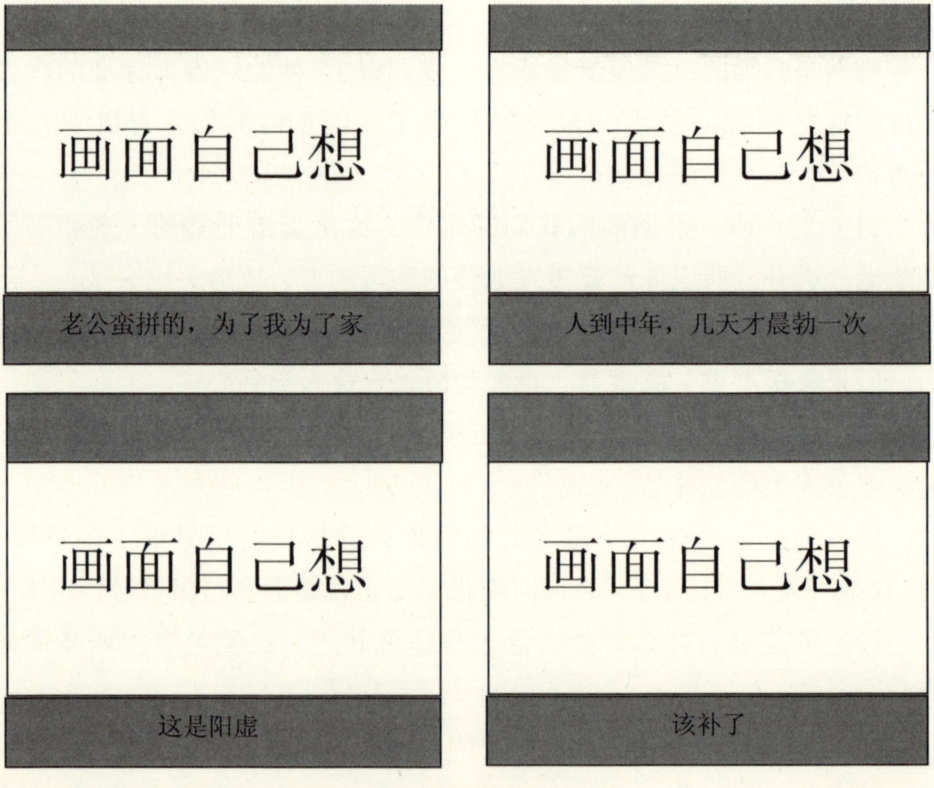

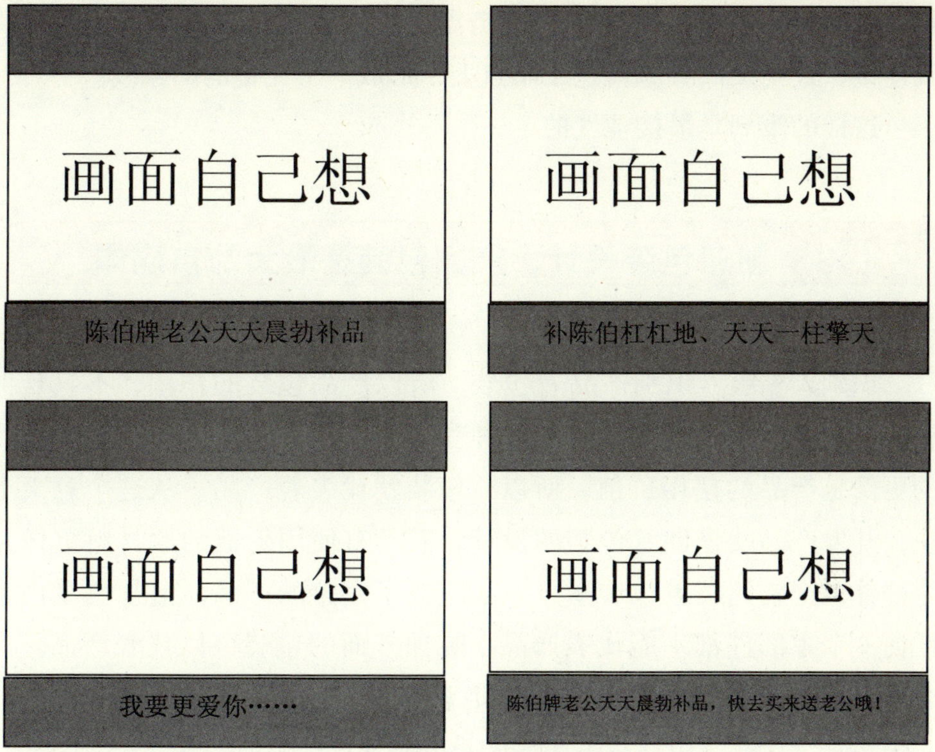

这样的广告片，就把前面创意的成果都用上了，产品是第一主角，在灌输晨勃概念的同时，激发消费者购买，所有这些都浓缩在这 15 秒的广告里了。其中第一句话，“蛮拼的”是最近比较火的一个热词，用在这里能够抓住观众的注意力。

行文至此，不知道读者注意到没有，我们的策划过程，是先从看不见的地方开始，从产品向外找，再从市场痛点向里找，找到一个结合点，不过这些都是暗地里做的，直到这个广告创意出来，有了画面感，才逐渐明朗起来，渐渐清晰。但是明的里面仍然有暗，就像填空题一样，画面上台词有了，人物和表情也能想象，但是产品长什么样，我们还都不知道，这也是下一步要解决的问题，但是这种策划过程是以结果为导向的，从离消费者最近的地方做起，而不是先把产品和包装都做好，然后再创意广告，那样的话如果市场反应不好，掉头就会有点难，而这种做法一旦测试出效果，则是让人非常有信心敢投资的。

再说回暗点和明线的事，原料是暗点，痛点也是暗点，经过一圈的明线连接，最终又回到原料这个暗点上，形成一个完整的圆弧线。

这样的策划是最接地气的。

2.6.9 创意包装设计，产品包装是最大的自媒体

识别人靠脸，识别产品看包装。所以产品包装的作用，不只是保护，更重要的是识别，包装在某种程度上就是产品，打开包装后看到的更像是产品的使用价值。所以，包装就代表着产品。从这个意义上说，开发产品就是创意包装的设计，而具有使用价值的原材料更像是零部件，把它们装进包装里，一起组成了完整的产品，但是单拿出来任何一个零部件都不能代表产品，唯独外面的包装可以代表产品。有时候，就算把里面的零部件都拿走只剩下空包装，如果放在货架上，它仍然是个产品，由此可见包装的重要性非同一般。

包装设计首先应该写上产品名称、品牌名称，这是最基本的要素，就像人的一张脸对应一个名字一样，能叫出名字才能代指某个产品，包装和名字是不可分割的。除此之外，包装上还要出现什么信息呢？要回答这个问题，先要放到商业环境尤其是竞品堆里去考虑。

在传统品牌时代，产品包装出现在货架上，货架上有一堆商品，你的产品靠什么脱颖而出呢？首先是占据好位置，方便看到的位置。同样在好位置上，也有许多竞品，如何继续胜出呢？靠颜色，所以在那时候有“用色如用兵”之说，用颜色吸引了注意力，然后各种信息才轮番上场发挥作用，比如产品名称、图片、形状，等等各种信息。因此我们看传统品牌的营销书籍，都要把包装设计当做很重要的一块内容而大书特书。

到了淘品牌时代，情况就有所改变，消费者在购物的时候，是通过搜索看到产品图片，而不是看到实物。因此，这时候要想胜出仍然

有两个关键因素：一是位置，也就是排名，排名靠前被看到的概率就大；二是图片，一般来说是产品的实物拍摄图，但也可能不是实物图而是加工过的图片，为了增加吸引力图片上除了随意用色外还可以增加文字。总之，在用于竞争胜出方面，产品包装的重要性不如传统品牌时代那么强了，这时候包装设计的重心也要从用色向信息传达方面转移。那么，要通过包装传达什么信息呢？

华与华方法认为，产品包装是最大的自媒体。这个自媒体不是微信公众号，也不是微博，每个产品所到之处，都在向消费者直播着“广告”，用一天就播一天，而且不用花一分钱的广告费。卖出去的产品越多，这个自媒体的效果也就越好，播的广告越多，消费者的心智空间被占据的越满。因此，把包装当成品牌的最大自媒体，用途一变马上就有了新的方向。那么，通过这个产品包装的自媒体，我们希望传递哪些信息呢？

（1）产品名称和品牌都是必须出现的，“陈伯牌”“老公天天晨勃补品”都是基本要素。有件事读者可能会有疑惑，那就是为什么到现在都没有提到品牌 Logo？因为没设计。但是从我们的论述中发现，没有它整个商业链条也是完备的，现在在我理解中，Logo 有也好，没有也不是不行，因为要消费者记忆的点太多了不好，我们就希望消费者把口号记住，记住口号就等于记住了品牌，而品牌是有保护的，不需要再多记个 Logo 了。

（2）口号（超级话语）和超级符号（手势）也是要传递的。

（3）还要推出一个品牌代言人。品牌代言人在传统品牌的包装上很常见，不过代言人通常都是大家熟悉的明星，很多投不起大笔广告费的品牌就请明星代言，把明星的照片放到产品包装上，这些明星的脸也算是个超级符号，一下子就能拉近和消费者的距离，非常有助于销售。我们在这里为什么也需要品牌代言人呢？答案是为以后铺垫。华与华方法指出，一个品牌要成为社会某一方面的首席知识官，养成社会对我们的习惯性知识依赖，如果人们在知识上依赖你，就必然在产品上信赖你。

对于这个产品来说，产品可以把身体透支的亏空补上，但是如果没有养生知识的普及教育，补品就可能成为以后更加糟蹋身体的根源。所以陈伯品牌还要承担起男性养生知识传播者的重任，这个代言人就是养生专家，通过网络自媒体工具分享养生知识，作为产品的增值服务，“服务+产品”才是品牌持久竞争力的保证，要比只有产品好得多。还有一点那就是，有了代言人，就可以做手势传递超级符号，为超级符号做解释，就顺道把品牌口号也传递出去了。

（4）品牌故事也要传递出去。反正品牌故事很简单，就几行字，但是却给人增加可信度。

（5）增加趣味性有助于拍照分享。在人人都是自媒体时代，手机拍照随时随地分享的传播威力已经不可忽视，所以要在包装上加一些有趣的文案或图片，让人有分享的欲望，这样产品所到之处，就真的起动了“传”的发动器。

所有事都是一件事，都是围绕销售展开的，凡是有助于低成本传播的事，走到哪儿就做到哪儿。至于有人说，这么多信息都堆积在包装上吗？不拥挤吗？当然不是，包装正面、背面、侧面，还有内盒表面都是可以承载这些信息的，我们做营销策划考虑的是向消费者传达什么样的信息最有利，至于如何用色，以及原材料的一些信息，交给设计师做就好。

对于包装设计，它向上承接了广告片中产品的模样，因为包装没设计出来所以上一节的广告中就是空着，设计好了包装广告片就可以拍了。向下又关系着产品内部的分装情况，这实际是属于产品开发方面的范畴了，把每一天要用的小包装做好，然后由里向外看用什么样的设计把它们固定，如何安排辅助物让产品显得有档次，里面的都固定好了才决定了最外层的形状。我们上面要传达的信息最后就印刷在它们上面，这样才完成了包装设计，所以它是一个承上启下的环节。传递什么信息安排好了并不算完，接下来还要进入产品细节。

2.6.10 从购买理由开发产品，开发产品应该放在后环节，配上使用说明才是完整的产品

包装设计完了并没有结束，不是把原料让厂家装到包装里就算完事了，营销策划人员是要管到底的。我们还得负责客户体验，就是客户拿到产品后什么感觉、会不会使用、怎么使用、有什么注意事项，所有这些都关系到客户的最终体验和使用效果，细节决定成败，到了最后一个环节，也就是到了更关键的环节，更是需要我们贡献创意的地方，成功没那么容易。

现在先给我们自己提一个问题，打开包装之后看到的什么？

如果是消费者，从看到广告被吸引，一直到把产品买回来，现在急不可待地打开包装，满怀期望地想要效果，希望看到的是什么呢？这个环节才是真正的开发产品环节，因为需求我们已经找到了，消费者也被一步一步引导过来把产品买回去了，我们要靠产品去解决问题了。如果上一节的包装设计可以代表产品的话，那是产品的表，现在则是到了要解决产品的“里”的时候了。需要说明的是，我们现在开发的产品，是消费者真正需要和渴望的，不是陈氏集团直接给我们的原材料，所以开发的过程，就是解决这二者之间的差距。换个更容易理解的说法，就是要把原材料分装，一盒消费几天，为什么几天的量装到一盒，怎么使用，使用到什么程度会有什么反应，不同的年龄是不是要有不同的用量，亏空的程度不同是不是也要有量的不同，使用过程中会有什么可能出现的情况，怎么使用更方便，后期用量如何等等，也就是要写一个产品使用说明书。分装的实物，配上这个使用说明书，才是一个可以消费的产品。我想起当年学习软件开发的定义，“程序”必须配上“文档”，加在一起才算是软件，产品也是同样的道理。就这个意义上说，产品开发，更多的是制定一套使用规则体系，不要与“产品研发”混淆概念，后者是从无到有的过程，而前者东西已经存在了，但还不能拿出去消费，还需要打磨到消费者想要的那样。

根据陈氏集团提供的记载，该补品经过数十年数千例用户反馈，梳理出以下几条：

（1）以7天为一周期，每天一包，用开水泡，第一次泡1小时以上，总共泡3次左右，基本没有苦味了，就是效力都发挥完了，把渣子倒掉，换新的。

（2）头天晚上第一泡，喝完睡觉，第二天早晨起来接着泡，喝完再吃早饭，一天都有精力。早饭后上班前再泡一次，基本上就可以丢掉了。我们希望这个工作由老婆完成，每天老公下班回来，老婆已经把补品泡好，喝完睡觉。第二天早起老婆在准备早餐的时候，也把补品泡好，而且应尽量早睡早起，比如6点钟起床就可以喝的话，上班之前再喝一次就是2小时之后的事了，这样不耽误上班，效果也是比较好的。

（3）根据年龄，30岁左右的男性一般喝完一周内就开始有晨勃反应，40岁左右的一般2周内有反应，50岁左右的一般一个月内有反应。如果是大病初愈或者透支太严重，则可能需要的时间就会比较长，这是苏醒期。有反应之后，还要继续补，因为虽然有反应了，但强度和晨勃时间都还不够好，所以需要加强。

（4）为了一鼓作气让身体恢复到年轻时的状态，在加强期内尽量不要同房，要避免性冲动，保持早睡早起的好习惯。很多人觉得做不到，补了之后就更做不到，实际上是误解了，男性越亏空越容易躁动，身体在充盈的过程中是比较安静的，“精满不思淫”，实际上在通往“满”的过程中也是不思的。经历过空虚和躁动，才能知道身体充实本身就是一种莫大的享受。

（5）补到什么时候为止呢？补满。什么时候满呢？精满自溢。很多男性都想不起上一次遗精是什么时候的事了，是多少年前的事了，这说明这么多年来从来没满过，从来都不够用，甚至经常透支亏空。这一次，补满它，再回一次年轻。精力充沛，身体不虚了，很实，就很有创造力。一般来说根据年龄或之前的保养状况，底子好的，一个月左右就可以补满；差一点的，两三个月就可以补满。

（6）补满之后进入保健期，一周喝一次保健用就可以了，如果工作强度大身体消耗多，也可以多喝几次。但是更要注意养生保健，多学学传统文化，修身养性。中华文化的精髓就是在精神上陶冶人的情操，吃的要朴素、穿的要朴素、用的要朴素，尽量少刺激人的欲望，因为本来人的欲望就无限，如果再用灯红酒绿、财富物质攀比去刺激，人是很难自控的，这样对身心健康肯定不利。所以多学学传统文化可以缓解一些压力，找回自己。

（7）在进补期间，如果身体本来就有一些慢性病或者顽疾，身体修复的时候会产生一些不适。慢慢会好的，实在担心的，可以停止进补。

所以我们也是每个包装里包含7天的用量，每天一包，为了方便使用，可以再配个专用玻璃杯子，不仅对组成材料看得清清楚楚，还省得消费者担心不知道水量多少。因为如果水太少，会非常苦，影响使用体验；如果水太多，也会冲淡效果。而且专门定制的两头开的杯子，又非常方便倒掉渣子，更方便用户清洗杯子，总之每一个细节都要替消费者考虑周到，消费者喜欢用了才有效果，有效果了才会长期用。所有事都是一件事。

2.6.11 微品牌的人格化要和个人形象挂钩，策划人亲自代言

现在我们进入品牌营销环节。也许微品牌创业的时候钱不多，但营销推广却是必不可少的，没钱没背景没资源怎么办呢？拿脸换，就是卖自己这张脸。实际上，就算钱多也要这样运作，从营销术语上讲，这叫品牌人格化，因为卖人比卖产品容易，了解人喜欢人比了解产品喜欢产品更容易，推出代言人也好，创始人亲自代言也好，都是通过营销自己的方式营销自己的产品。

央视《赢在中国》热播的时候，很多人是因为认识了马云才认识了阿里巴巴，认识了牛根生才认识了蒙牛，认识了朱新礼才认识了汇源，可见，让人快速了解和相信的方式，就是推出一个活生生的人。如果他的为人被人们相信，自然而然，他所服务的组织或企业，也差不了。

如果“大品牌”的反义词是“微品牌”的话，大品牌的优势是有人、有钱、有资源，大家先熟悉了它的品牌，再买它的产品。微品牌的做法则应该是，有限的人先熟悉你这个人，再买你的产品，或者成为你的代理。大品牌如果从广大的陌生人开始用产品价值建立关系，把陌生客户变成熟识的老客户，微品牌就要从有限的身边人开始用情感建立关系，和身边熟人做买卖逐渐向外扩散，把更多的陌生人变成熟人，以此来带动生意扩展。虽然是两种模式，但最后应该是殊途同归的。

我在策划的时候就主张用代言人，但是因为陈氏集团来自马来西亚，在国内没有人认识他们，也就是说创始人不可能亲自上了，找明星代言人一时又不现实，而我又一力主张，后来陈氏集团就说，既然你坚决主张找人代言，将品牌与个人人格挂钩，那你亲自上！

我？

这是在将我的军？

上就上！谁怕谁！

别人可能是创始人亲自代言，而我成了策划人亲自代言了，我是一时冲动吗？也不全是。这也是一种情结，我佩服的人是孙武，他能写出孙子兵法，又能打败楚国，既有理论，又有战绩。我自己写书，也是在梳理自己的商业打法，为的是有朝一日能真正派上用场，而且有了实际战绩，这样写出来的理论也能让人信服，这就是我的个人情结。以前我也帮别人策划过淘品牌，因为各种原因到现在还没有真正成名的，而眼下这个案子又是到目前为止我最满意的，我自己也一直在用这个产品，而且我的家人也都在用，都在受益，这是与我之前遇到的案子不同的地方，所以我想对它负责到底，我想让它真正成功！我决定以我的人格，为“陈伯”品牌代言。

回到前面章节，包装上的代言人就可以换成我了，视频广告片里的男演员我也是可以演的，反正先多露脸呗。

当然代言了之后就要做更多的营销自己的工作了，而不是把脸放在那儿就完事的。如何营销自己呢？对谁营销呢？根据以前的经验，用微电影是比较好的方式，对朋友圈营销，换句话说，不是给陌生人看的微电影，而是给已经认识你或听过你的朋友们看的，借助他们的分享，扩展他们的朋友认识我，成为我的朋友，将来可能成为“陈伯”品牌的消费者或代理商。

微电影为什么是好的营销人的方式呢？我是有深刻体会的。在策划微电影《夫子的淘宝梦》以前，我作为畅销书作者，到许多地方都会受到很高的礼遇。但是自从夫子通过微电影火了之后，我们一起出去的时候，发现离得很远大家都能认出夫子，跟他打招呼，却几乎忽略了我的存在。这就说明微电影这种方式，真的能让人的形象走入大家的心中，他的亲切感是文字无法代替的。微电影的视觉、声音把人的情感给勾出来，所以形成的印象就会非常深刻。为了代言这个产品，我又策划了一部微电影，名叫《一百二（120）》，给这个产品做背书，也让更多的陌生人快速认识我、联系我，与“陈伯”合作。

2.6.12 营销娱乐化，让消费者买了有拍照分享的冲动

上一节我们推出品牌代言人，是先营销人然后带动产品，更常规的营销手法则是直接推广产品。其实无论是营销人还是营销产品，都应该有个指导思想，那就是让人喜欢，别让人讨厌。要想实现这样的结果，就要让营销娱乐化，有了这个原则，所有对外的信息都不再是枯燥的，而是幽默、好玩、有趣的，如果不符合这个标准，就重新写

了再发。要把营销娱乐化贯彻到具体事务中，有以下几个战场是重点：

（1）产品包装娱乐化。前面我们指出，产品包装是最大的自媒体，如果把包装做得幽默、好玩、有趣，那么，不仅产品所到之处会通过自媒体向目标直接传递信息，更重要的是发动了目标对象拍照分享的欲望，把信息传播到自己的朋友圈里，从而影响自己背后的更多的人。碰到影响力大的人，带来的直接效益就很可观。何况这种传播是病毒式的，我们能控制源头，控制不了终点，它自己是长了腿的，威力非常大。我见过一个微品牌，做的是桃子，它的创意点是给每个桃子都穿上了个黑色裤衩，然后又在包装上写了很好玩的文案，让人看了就想拍照分享。而看到的人中一定会有感兴趣的和记住的，急迫的可能立即就想尝鲜，性格缓的将来某天碰到了也会觉得很熟悉，就会出手购买。这种营销卖的不是味道，而是娱乐。

（2）微信朋友圈娱乐化。微信朋友圈的玩法就一个字：刷。只有不断地刷信息，大家才能知道你的存在。而每个人被影响都不是立即改变的，而是潜移默化的，这是因为影响的是潜意识，一旦影响够了产生的行动是潜意识支配的，并不是理性思维决定的。在朋友圈里刷信息既要保持一定的频率，更要注意好玩有趣，没人喜欢天天看你的产品，所以营销娱乐化在此处的含义是，就算是想卖产品，也要多想一些创意，把生硬、直接的产品信息变得好玩有趣。最终大家还是会知道你的目的，但是却不舍得删你或屏蔽你，这就够了。只要愿意继续看到你的信息，就有一切可能。营销产品需要的是创意，而营销人方面，就是要把自己变得好玩有趣，就需要从习惯和性格上入手，偶尔有点自恋，偶尔搞点自黑，偶尔再自嘲一下，把朋友圈当成表演的舞台，时刻记挂着取悦观众但又不失自我。

（3）微博娱乐化。与微信朋友圈的私密性不同，微博是公开的，无论是熟人还是陌生人都能看到。我们除了从身边熟人入手，也不能放弃微博这样的开放性平台，用它对更多的陌生人营销。和陌生人很快熟悉起来，靠什么建立连接呢？如果你推人，人家不认识不熟所以不感冒，如果你上来推产品人家可能直接跑掉，但是如果推好玩有趣的信息，人家就有可能会忍不住多看两眼，推出的段子如果非常有趣的话，会让人忍不住参与进来说几句，还会转发给自己的粉丝看，这就是通过娱乐信息建立的连接。在微博营销方面，杜蕾斯的案例是非常出色的，他们在娱乐化的内容方面下了很大力气，所以每发出一条信息都会有大量的评论、转发和谈论。有人说，参与的人不一定买啊，时间久了也许会买，就算你不买你也在帮它传，而它的知名度就在不停地增加和强化！

所以我们总结一下，为什么要把营销变得很娱乐？就是要充分借助自媒体的威力。虽然我们上面列出了“产品包装”“微信朋友圈”还有微博平台，这些都是自媒体，但真正参与和传播的还是背后的人，让人觉得想分享想参与，人人都可以成为很有传播威力的自媒体。所有做的这些，都是为了一件事：以最低的成本传播品牌知名度，在知名度上投资永远不嫌多，华与华方法指出，知名度第一，就等于销售优先权。

一个品牌可以不打广告，但一个品牌一刻也不能停止宣传。以前媒体是别人的，只有花钱才能帮我们宣传，投入了钱就想立即见效益，所以会打很多广告，会在广告创意上下很多功夫。而现在是自媒体时代，自媒体是可以不用花钱的，可以随时随地直播，因为不用花钱所以也没那么急功近利了，可以从广告转向好玩有趣的娱乐化风格，让大家都喜欢，潜移默化达成目的。但在这个信息泛滥的时代，如果不借助自媒体天天发声证明自己还活着，大众对你的印象很快就会被别人的信息刷掉，你很快会被遗忘。所以每个微品牌都要十分重视自媒体的内容和创意工作，这是不断做大的法宝。

对于微品牌创始人来说，更要不停地刷，不停地传递品牌变得更好的正能量，这是你的使命。

再回到主题，“陈伯牌老公天天晨勃补品”如何把内容做得很娱乐呢？可以借鉴杜蕾斯，两性话题可以发挥的空间太大了，不同的是它卖的是安全套，我们卖的是补品，用户都是男性，共同点还是有很多的。制造出的娱乐内容，可以用在产品包装上，也可以发到微信朋友圈和微博平台上，由专职团队负责，把这个营销工作变成常态。

2.6.13 一个自媒体就可以养活一个品牌

现在我们继续说自媒体，但是与上一节内容不同，上一节侧重点在内容上要娱乐化，以及娱乐化内容的传递工具，分别是产品包装、微信朋友圈和微博平台。这一节我们要讲的自媒体，是偏重自媒体人的概念。前面我们已经讲过要将品牌人格化，推出了代言人，并通过微电影的方式为更多人所熟悉，同时也会把娱乐元素放进微电影里，让观众开心。但是这些都是一次性的，代言人的价值发挥的还太小，比起要担负这个品牌的成败责任来，贡献的还远远不够。所以，如果能让代言人也办个自媒体，天天都有价值向社会贡献，他自己就能通过有价值的内容吸引很多粉丝，不管是粉丝群体自己购买以支持“偶像”，还是帮忙传播品牌以回报“偶像”，都将对品牌的现实销量和长远知名度有巨大帮助。随着粉丝越做越多，公信力越来越强，那么他代言的产品就容易为更多陌生人所信赖和购买，从而从身边熟人的营销中走出来，走向更广阔的天地。看来，做个有价值的自媒体，成为一个自媒体人，实在是水到渠成的事。这是一步一步寻找到的路子，但是他却比先做自媒体人再做产品更有利，因为后者会有包袱，担心粉丝会骂，而前者却不用担心，因为本来就是为产品代言的，你知道他的时候他就和产品有了关联，人们已经接受了这个事实。

其实，随意弄个有价值的能吸引人的媒体，都可以养活一个生意，是没问题的。我老家有个说书先生，是说大鼓书的，敲着鼓说着书，一会儿说一会儿唱。他经常在我们家集市上说书，我小时候碰上了就去听，其实也听不懂，就是去凑热闹。他每说一段，尤其到了最精彩处，戛然而止，开始收钱，一毛两毛五毛一块的都有，小孩也要，但真没钱也不强迫。后来我去外地了，很多年没见过他了。有一次他在我们家买东西，走后大家就开始聊他，说他改卖猪饲料了。但还说书了不过是免费的，用来聚集人气，说完一段就开始推销猪饲料，听书也不收钱。因为听众多是农村老人，家里基本上都养猪，有买猪饲料的需求，免费听了人家的书总不好意思去别人家买吧，所以他的猪饲料生意也不错，至少比那些干巴巴卖饲料的生意要好很多，一家人过得很滋润。

这是在农村一个小集镇上发生的事。如果办一个能聚集人气的能覆盖更大范围的知名自媒体，养活一个品牌更是没问题。这时候你就得想你贡献的价值是什么，必须找到你的价值点所在，对大家有用，才能吸引更多人关注。

如何把这样的理念运用到“陈伯牌老公天天晨勃补品”上呢？首先我们的目标是想吸引住已婚女性群体，就要制造已婚女性感兴趣的内容。经过创意策划，发现有个点还是空白的，就是站在男人的角度如何看男人，最终是为了帮助已婚女性更好地了解老公，实际上每个已婚女性要想和老公相处得更融洽，就应该对“另一半”了如指掌，他是怎么想的，他的思维方式是什么，都应该有所了解。谁最了解呢？男人最了解。所以站在男人的角度来讲就是价值。分享的方式可以借鉴《罗辑思维》，通过微信公众号传播语音内容的方式每天更新实用的知识，这实际上就是一个“老公专家”。只要分享的知识对已婚女性改善夫妻关系有用，她就会感动的，她知道你是代言某产品的，为了回报你总有一天会购买。总之只要有媒体存在，你的品牌知名度就会一直增加，随着时间的沉淀，这个品牌就会越做越久，这才是真正做持久品牌的成功秘诀。

至此，“陈伯”品牌的策划就完成了，这应该算是一个比较全面的例子了。下一章开始讨论渠道。

第三部分
如何快速建立批发代理体系

如何快速建立批发代理体系呢？有人花了一年乃至几年的时间，也只招到几十或几百个代理。而本章以三里人家黑糖为例，这是2015年微商界的一匹黑马，仅仅用了不到一个月时间，就把批发代理体系建立起来了，几十个合伙人下面就有4000多个代理，收到现金500多万元。它是怎么做到的呢？我们能得到什么启示呢？有哪些是可以复制的呢？还有哪些不足呢？有没有一战成名的方法呢？本章统统解答。

Section 3.1 三里人家黑糖如何依靠分销体系成为2015年微商界的一匹黑马

2015年3月底，有一天晚上夫子给我打电话，说准备做个项目，写了一篇文案，让我帮他看看。从那时起我开始知道了有个产品叫三里人家黑糖。过了几天文案发布出去了，夫子开始不断“直播”，每天写一篇文章报告项目的进展，截止到4月下旬，总共直播了不到20天，招收到100多名合伙人（后来经过筛选劝退，留下更精英的50人）。这些合伙人下面又有很多下级代理，所有代理加起来达到4000多人，一次收货款500多万元现金，根据三里人家的价格体系，每个合伙人的入门门槛是首次订购800盒黑糖，100多个合伙人加起来的总订购量就是80000多盒！有的合伙人手下分销很多，拿800盒还不够人手一盒，所以又不断补货，火得一塌糊涂，一“糖”难求。越是供不应求，越是火爆，通过直播，要求加入三里人家合伙人的就更多。一些自媒体开始谈论三里人家的成功，并把三里人家黑糖作为2015年微商界的一匹黑马进行研究。

下面我们根据直播公布的内容还原一下发展历程：

2015年3月26日 招商文案发布。

2015年3月27日 第一天直播要点：招商文案阅读量超过2000，有意向的超过100多位，合伙人有很高的门槛，本身都是优秀的微商，敢把合伙人放到一个群里交流，不怕挖墙脚。合伙人共同决策，共同参与，不是一般的代理关系。合伙人轮流给下面的代理商培训，大事由合伙人共同决策。

2015 年 3 月 28 日 第二天直播要点：26 号招商方案公布后已收到 100 多万元现金流水。三里人家不断在模式上优化，有保证供应链的，有首席产品讲师，有管理团队并进行系统培训和激励的。某千人微商团队加盟三里人家，成为合伙人。

2015 年 3 月 29 日 第三天直播要点：夫子的妻子也开始做三里人家并成功开单，有图有真相。思考吸引优秀微商团队加盟，如何不靠广告、明星代言等传统模式。

2015 年 3 月 30 日 第四天直播要点：对收到 100 多万质疑的解释。提出“囤货才是微商，囤货才能赚钱”。

2015 年 3 月 31 日 第五天直播要点：代理商超过 200 名，欠货 20000 盒，暂停招收代理。合伙人开会讨论乱价、授权、代理商不带下级不管下级等问题。能成为合伙人的大多比较实干。

2015 年 4 月 1 日 第六天直播要点：介绍三里人家黑糖产品，朋友圈装修、维护好个人形象个人品牌。

……

如果说招商文案第一天发布后就招到 20 多个代理，收了几百万元现金，是第一批种子的话，那么，用这种直播的方式公布项目进展，则让人感觉到非常透明，距离非常近，传达了优势、理念、信心、机会。不光依靠项目机会吸引着一些还在犹豫的人，第一批种子代理取得的成绩也都在影响着更多的人，他们做得越好，产品越供不应求。当机会大门随时会关闭，反倒让犹豫不决的人按捺不住，陆续加入，所以才有了这个结果——短短的二十几天之内，合伙人从二十多名增加到了 100 多名，他们不光交了 700 多万元货款，也不光销售 80000 多盒产品，更重要的是，他们的加盟一下子就带来了几千人的代理队伍。这可谓是一个奇迹，远远超过了夫子定的目标。从这点来说，三里人家黑糖完全算得上是2015年微商界的一匹黑马。

Section 3.2 一篇招商文案，一个月内招了一百多位合伙人，收款500多万元，还带来了4000多个代理

通过3.1节的介绍可知，三里人家黑糖的成功的起点，是从一篇招商文案的发布开始的，它像一篇檄文一样，对批发代理体系的快速建立起到了关键作用，由此可见一篇好的招商文案的威力。为了深刻学习以便能用在自己的项目上，我们把三里人家的招商文案放在下面，稍后再剖析：

黑马招商文案

半个月前，我在朋友圈暗示了我的“项目”即将上线，一天内，总共收到2000多条希望一起参与的回复，并且每天有大量的朋友咨询我关于项目的进展，生怕错过了什么。其实我一直在说，慢慢来会更快，看似没有进展，实际上早已是“兵马未动，粮草先行”。今天，是时候跟大家说说这个项目了。

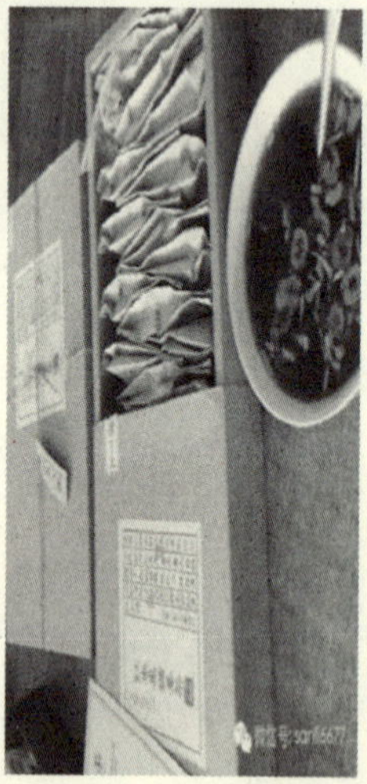

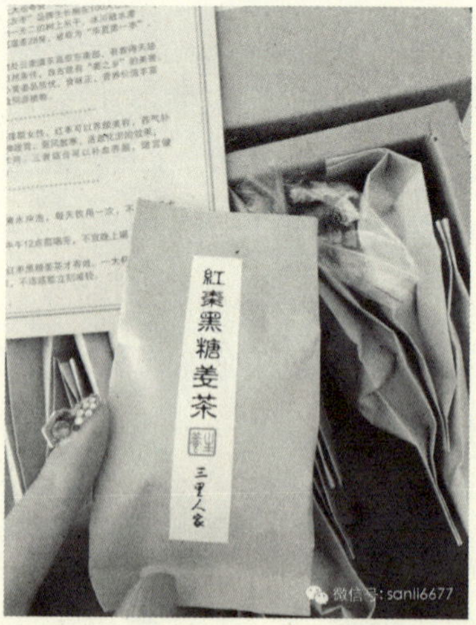

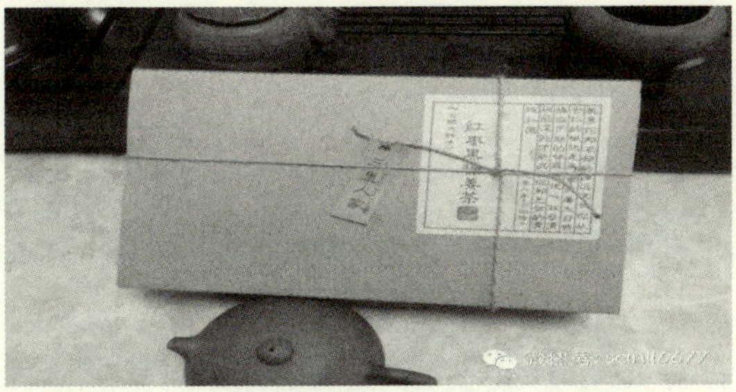

2013年我开始进入微商并且一直做微信的公益培训，培养了大量优秀学员，见证了整个行业从启蒙期到高速发展期的历程。在这个不需要电脑，不需要上班，不需要什么成本，门槛极低的行业里，我见证了大量的微商案例。

在这期间，许多人在排斥、反感、反对做微商，可是微商在经历了两年的发展以后，已经被大众接受并且信任，那些敢于尝鲜的人已经越来越强大，还在观望、犹豫、害怕、不相信的人如果意识到危机了，这个时候一点也不晚，如果这个时候，还在怀疑，有可能你就真的错过一个大好世代了。

说一个小例子：杨圳杰是惠州一个普通公务员，2014年找到我的时候，夫妻两已经开始做微商，一个月流水20万元，团队不过100人，后来找到我并且得到了我的一套策划方案后，重新布局操盘，现在一个月流水已经突破100万元，团队数量500人。

我和他说，也许进入微商是你这20年能遇到的最好的生意了，他对我笑了好久！

纵观整个微商行业的发展，我们来看看，一开始是衣服、鞋子、柠檬杯这类产品杀入朋友圈，后来出现一种模式，叫代理模式，此后面膜开始风靡朋友圈，朋友圈的商业价值被真正放大，无数的企业，品牌商开始进入这个领域。可是我们发现了一个问题，并不是所有的产品都适合进入微商，也不是所有模式都适合微商，能够继续创造辉煌的一定是代理模式……因为目前整个微商行业，95%的流水都是这种代理模式的公司所创造的。

再来看看现状，整个朋友圈都是在卖肥皂、酵素、化妆品、精油、神油、面膜等等。你们注意到了吗？这些产品的竞争都已经非常激烈了。经过研究分析后我看上了黑糖这个产品。这个品类在2015年的朋友圈必火，而在这个品类中最火爆的，我相信是“三里人家”。

为什么？先说说黑糖为什么会火。中国人至少有一半是女人，而大部分女人都会因为饮食不当、缺少运动、熬夜等导致月经问题，比如月经不调、提前太多、迟迟不来、痛经……好多中医告诉我，子宫是一个女人的发动机，如果发动机出了问题，就会导致很多其他问题，至少脸上的皮肤会很差（由于商业机密关系，此处省略1000字）。

那么黑糖就可以解决这个问题吗？当然不是，仅仅有黑糖是不够的，还要加上红枣和姜丝。这是一剂药方，自古以来都有，所以现在有人在卖这几个产品，不过大部分商人都没有认真地做过调研。其实这个配方是有问题的：三个产品放在一起会上火。我们请教了西安及惠州几个有名的老中医，给出的解决方案是：必须加上菊花。所以“三里人家”其实是四个产品的汇总。它们分别是中国最好的新疆若羌枣、南平小黄姜、云南土方黑糖以及杭州杭白菊。而调研的结果是，在微商领域，至今还没有一个产品是这样做的，所以我们是真正用心在做产品，真正在想办法解决市场的痛点，而不是把怎么快速赚钱放在第一位。

当然有些朋友可能会说对国产的产品不太放心，对于那些红糖水、姜粉不太信任。为此我们把它打回了原形：糖是一块一块的，红枣是一片一片的，姜丝是一条一条的，菊花是一朵一朵的，没有经过任何人为加工磨粉。当然，所有的QS认证，食品生产资质我们都有，这不是一个三无产品。

因为中国的女人太多，有“问题”的女人太多，所以这个产品的市场实在是太大了……“三里人家”注定会成为一匹黑马。

你是否迫不及待地想知道如何跟我们合作？如何代理我们的产品？如何才能快速上路卖货？

别急，因为在这个项目策划过程中，我找了10个正在做微商的好朋友，其中就包括杨圳杰。这10个人也算是微商精英了。除了杨圳杰有自己的品牌以外，其他的都是在做别人的品牌，可是这10个人里面，月流水最少的一个也有50万元，团队最大的有1000多人。

起初我只是想听听他们的意见，看看他们的想法，给我一些建议，没有想到的是，我跟他们说了我的想法以后，他们居然不约而同地加入了三里人家，要和我一起快速把三里人家这个品牌推爆朋友圈，这让我感到震惊。

我问他们为什么，得到的答案汇总是：

1. 只要是夫子老师做微商品牌，不管什么产品，第一时间跟上。

2. 我相信夫子老师的实力、影响力、策划能力、营销推广能力。

3. 夫子老师是我最信任的一个人，因为我追随你已久，比较了解你，知道跟着你肯定能成。

4. 我听了那么多人的课，要么免费的讲得太烂，要么收费的讲得也太烂，只有夫子老师的免费公开课让我觉得真正有价值，并且帮助我成长。

5. 因为你帮我策划了我的品牌以后，确实进步很快，就算你不让我做，我也要打一笔钱来支持你，何况你的能力行内人都知道。

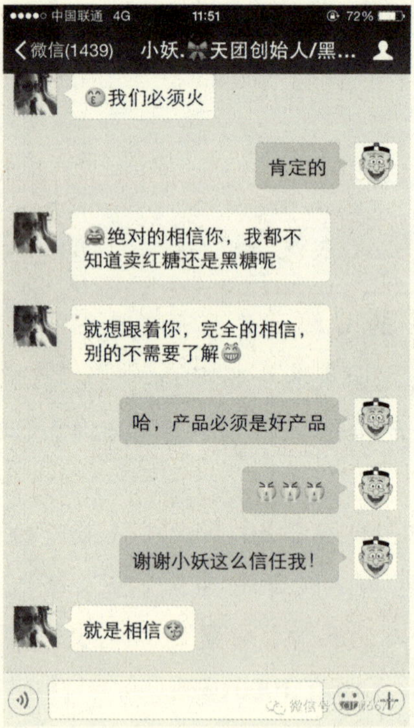

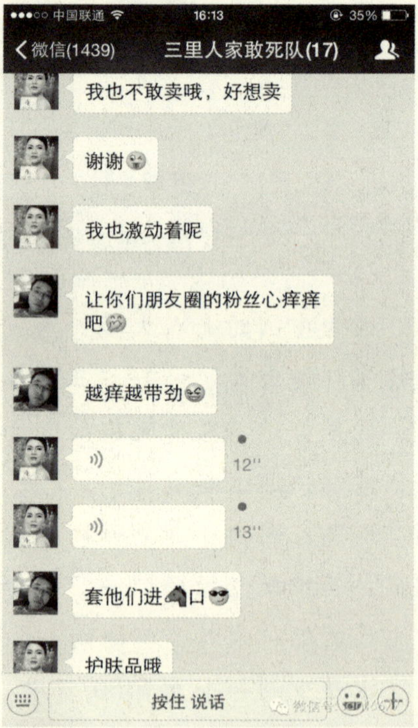

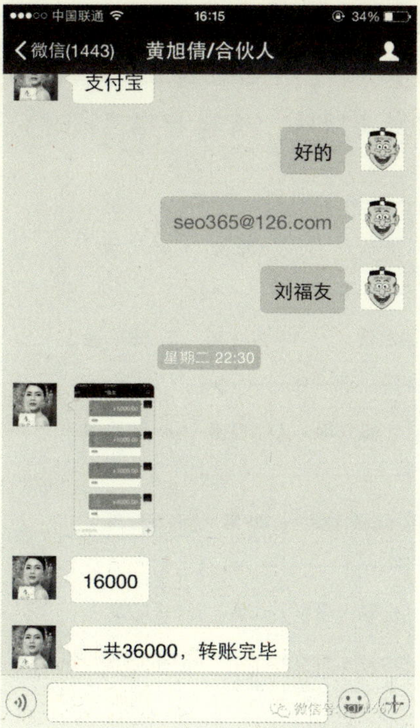

听到这些答案，我非常感动，其实更多的是责任，别人越信任你，你的责任就越大。我虽然讲了接近两年的免费课，帮助了无数人，可是那都是没有压力的，甚至没有责任，因为我没有收一分钱。而现在他们把钱放在我这里，要跟着我一起做，一起发展，我确实压力很大。当然我早已经想明白了，我会把压力变成一种动力，带领大家一起往前发展。

如果你想从事微商，想做一个几亿人的市场，想跟着三里人家，想跟着夫子一起发展，请看看三里人家的代理模式吧。当然机会只能属于少部分人，因为前期团队磨合需要时间，服务需要提升，公司没办法服务太多人，确切地说现在还不能完全开放，只能让第一批想做的人先做。

现在的这个代理商模式属于初期阶段，门槛相对会低很多，后面的门槛大概会提高一倍左右，假如你第一批没有抢到名额，后面我们还是会提高门槛。另外需要告诉大家的是，除了总代以下暂时不限制以外，合伙人最终仅限50个（已经有10个加入）并且需要月流水20万元以上，有自己的微商团队，有操盘经验者才能申请！

合伙人	800盒	45元/盒
总代	300盒	55元/盒
一级代理	100盒	65元/盒
二级代理	20盒	75元/盒
分销代理	5盒	85元/盒

128元零售价

三里人家官方微信 sanli6677

备注：

合伙人仅限50人，要求是月流水20万元以上，招满不再增加。同等级推荐同等级一次性享受一次性奖励！推荐 5 个以上除原有奖励外还有其他奖励。

1箱40盒

合伙人：36000元

总代：16500元

一级代理：6500元

二级代理：1500元

分销代理：425元

以上任何一个级别都可以发授权

三里人家

今天首次公开，仅限之前有报名的朋友，如果你不想错过微商，如果你想跟着一帮月流水超过50万元的人一起学习发展，这是一次难得的机会。

报名方法：先确定你想做的等级，比如合伙人就付36000元。按照金额付款到支付宝：seo365@126.com 刘福友或者微信直接扫描二维码输入金额支付，付款后截图给客服 QQ 199138 进行登记。

第一批仅限200 个人报名，原因是工厂刚开始投产，产量不是特别大，满人数后即停止报名，先服务好第一批。

请大家一定要关注三里人家的官方微信号，每天给你直播黑马的成长过程。

查看三里人家每天的进展，请回复第 1 天、第 2 天、第 3 天……一直下去，也可以点击查看“阅读原文”了解我们的最近一天的动态。

就是这样一篇文章经过自己的自媒体发布后，咨询量暴增。经过筛选，开始有第一批合伙人付款，随着赚钱直播的继续，每天不断有人加入，仅仅二十几天时间就有 100 多人申请加入合伙人队伍，收款 500 多万现金，而且还在增加。

这篇招商文案可谓是有图有真相，它有非常强的营销能力。与淘宝上宝贝描述不同的是，淘宝的宝贝描述是直接把货卖给消费者，而招商文案是“卖发财”的机会，是把这个机会卖给代理商。为了让代理商心动，文案首先分析了市场需求，指出消费群体的巨大，而这个产品刚好填补了这个市场空白，更为重要的是，这种产品非常适合微商，让读者感觉到这确实是个好机会、好产品，如果能参与就好了。不信吗？那就看看其他人面对这个机会的表现吧：有对话截图，有对创始人夫子的信心，更有打款截图记录，有图有真相。这么好的机会，到底我该怎么参与呢？有多大赚头呢？有什么条件要求呢？有多高的门槛呢？所以一起公布的还有价格体系，最后还强调了机会的稀缺性，那就是总共只收 50 个合伙人，而且已经报名了 10 个，机会确实不多了……

这的确是一篇攻心文案，看到后面就有赶紧付款抢机会的冲动，如果不抓住可能后悔一生。于是第一批原始代理就从心动转行动了，就付款加入了。当然，任何一篇文案都不可能打动所有人，而且从心动到行动是需要一个过程的，营销是潜移默化的心理转变过程，所以配合“直播”，才能不断地补充正能量，不断地打气增信心，每天都有加入行动行列的合伙人。这样的文案结构，换个产品改改价格体系也可以直接套用。

Section 3.3 三里人家的价格体系，零售商有足够的利润空间和销售动力，就能吸引各级批发代理商，有肉的地方就能引来吃肉的

机会总是很多，赚钱的机会总是让人心动，但真正能让人行动的，一定有强烈的理由。在三里人家招商文案中，代理商价格体系就是让人行动的关键，就是说，只有看到了这个价格体系，所有的机会才真正能参与进来，机会才真的是机会，心动才能变成行动，否则想行动也不知道如何参与。而行动的关键，则是这个价格体系让他们感觉到了有利可图，是为自己的利益着想的。所以三里人家之所以在很短的时间内就能把代理体系建立起来，核心就在于价格体系的设计，而这个价格体系设计的核心，则是如何“分钱”，尤其重要的是，要站在代理商的角度，让代理商感觉到是为自己的利益设计的，于是他们就行动了。

夫子给我初看这个招商文案，尤其是把价格体系都公布出来的时候，我认为这样做会对最终买家造成困惑，假如我自己买一盒想送人或消费掉，在我知道顶层进货价只有45元，而我要花128元买的时候，我会觉得不舒服。但是随着时间的检验，证明了这种做法是利大于弊的，因为关注价格体系的基本上都是微商群体，不管这个群体多么庞大，在整个人群中也只是一小部分。也就是说，还是知道底价的人少，不知道底价的多，这是其一。其二，这是给代理商看的，越透明对招商越有利，有些可做可不做代理的人，如果还要花精力去打听价格体系的话，无形中就提高了门槛，等于把很多代理拒之门外了，而且从

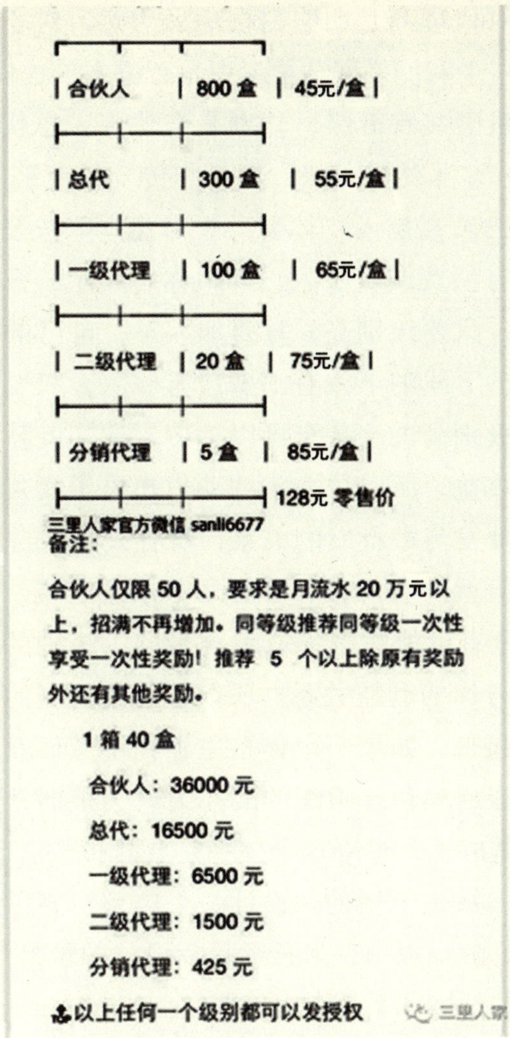

合伙人	800 盒	45元/盒
总代	300 盒	55元/盒
一级代理	100 盒	65元/盒
二级代理	20 盒	75元/盒
分销代理	5 盒	85元/盒

128元 零售价

三里人家官方微信 sanli6677

备注：

合伙人仅限 50 人，要求是月流水 20 万元以上，招满不再增加。同等级推荐同等级一次性享受一次性奖励！推荐 5 个以上除原有奖励外还有其他奖励。

1 箱 40 盒

合伙人：36000 元

总代：16500 元

一级代理：6500 元

二级代理：1500 元

分销代理：425 元

以上任何一个级别都可以发授权

三里人家

长远看，公布开来对维护代理商价格体系不乱有利，反正是透明的，谁也蒙不了谁。其三，只要能保证所有代理都严格按照价格体系在卖，不乱价，最终消费者心理也是平衡的，比如所有代理商只要零售都按128 元卖，没有一个例外的，我无论到哪买，都砍不了价，那么最终也会接受的，而且不平衡感也很小。其四，真正长期消费的或大量送人的，完全可以批发，批发其实就是做代理，就可以享受优惠价，消费者也会觉得很公平。其五，网络的特点就是价格透明，传统代理体系价格是不透明的，因此被淘宝等电商革命了，所以透明了对消费者是明明白白消费，对代理商是明明白白地做生意，对竞争对手也是明明白白的，可以算一下利润空间，再考虑是否进入，这样也会降低竞争。

这个价格体系里共有五级，分别是合伙人、总代、一级代理、二级代理、分销代理。虽然是五级，但是与传统的直销模式却是不同的，传统直销模式下把人“拉入”体系办个卡建立账户是第一位的，以后只要你下级的人有消费或有收入，都跟你有关系，你都能得到不同程度的收益。所以，只要级别高，只要加入早，自己的下线只要有一个厉害的，或者自己下线的下线有消费或有收入，只要在你这条线上的都有利益分享。级别高的，甚至可以一劳永逸，就算不在体系里付出了，仍然可以有收益，所以拉人头的动力超过了卖货的动力。而微商的代理体系就是批发与被批发的关系，所有人的利益都跟“走货”挂钩，谁不贡献价值就没有回报，没有一劳永逸之说，如果不努力，自己发展的代理完全有可能超越你或者成为同等级别的合伙人，在享受一次回报后脱离与你的利益关系。所以，任何机制的设计，都是要把人的积极性调动起来，如果一个体系里存在不劳而获的人，就会有不公平出现，就会造成模仿，组织的战斗力就会很弱，没人想去开疆拓土了，都想坐享其成了，最终这个体系是要死掉的。就这个意义上说，三里人家的价格体系是不错的。设计一个体系，要考虑一个体系的生命力，价格体系是游戏规则，为长远目标设计的价格体系生命力就强，只考虑眼前利益的价格体系生命力就弱。

微商在 2014 年及更早的时候，走过一段弯路，就是只靠压货赚钱，并不解决最底层代理将产品卖出去的问题，因为他们只要把货批发给下级，只要把钱赚到手就不考虑其他的，而且不给退货，慢慢地这种做法已经被淘汰了。随着微商群体开始变得理性起来，大家都开始研究如何把货卖到消费者手中，这才是健康的商业。而在卖货环节，价格又是很重要的因素，要想卖得出去卖得好，必须有一个合理的价格。因此，价格体系里应该包含合理的零售价，同时又有足够的利润空间，因为最底层的代理实际上是在做零售，没有足够的利润空间是养活不了自己的，所以一般终端零售商的利润空间都要在30%～40%才会有销售动力。

我们看三里人家黑糖的价格，零售价128元一盒，零售商（也就是价格体系里的“分销商”级别）进货价85元一盒，相当于66折拿货，利润空间有33%多，卖一盒赚43元。相比于做淘宝卖一件货，利润丰厚多了，所以很多人就愿意帮他卖。当零售商有进货需求的时候，批发商一定会出现，不同实力的批发商处于不同级别的位置，实力弱的离零售商就近，实力强的就更接近顶级。在三里人家设计的游戏规则中，最顶级的就是合伙人，不能往上再升了，而且品牌方只和合伙人打交道，不和下面的代理有直接利益往来，这样一来合伙人就看到了巨大机会，纷纷加入，这也是三里人家批发代理体系能迅速建立的一个核心机制。

Section 3.4 一切为了成就合伙人，分销的核心是分钱，设立高门槛，微商大鱼很快浮出来

在夫子为三里人家黑糖设计价格体系游戏规则的时候，创造性地提出了合伙人概念，并打定主意：一切为了成就合伙人。果然，当这样做的时候，合伙人也成就了他和他的三里人家黑糖项目。这也应了那句古话：合众人之私以成一人之公。马云也说过，让客户成功，我们就一定也能成功。三里人家黑糖项目设计的游戏规则，就是在帮助合伙人快速成功，当合伙人都赚到钱了，大量出货的时候品牌方自然也就赚到钱了。具体有以下几点：

第一，品牌方不直销，只靠合伙人出货，也就是只通过代理渠道出货，这样就会把所有精力和资源都放在服务合伙人上。这些服务包括合伙人之间相互学习，相互鼓励，给下级代理培训，得到品牌方的

其他资源等等。尤其重要的是，合伙人在品牌方那里得到的倚重感和被宠着的感觉，是十分让人陶醉的。

第二，品牌方只和合伙人打交道，不直接和下级代理打交道，这意味着那些实力不足的小代理，一定会成为合伙人的下级，这样合伙人就有利可图。

第三，谁的出货能力强、下级代理多，谁就能在品牌方那里得到更多的奖励，比如把直接找品牌方的小代理“赠予”做得好的合伙人，将来这些小代理通过该合伙人进货，该合伙人就有钱赚。

这种机制下品牌方相当于把权力都下放给了合伙人，自己只做辅助别人成功的工作，所以合伙人的积极性最高。所以，我们看整个代理体系设计的核心，就是解决如何“分钱”的问题，从这个意义上，叫分销体系更合适，而且我也对“分销”一词情有独钟，因为它时时刻刻提醒着我们，要想成功就不要忘记“分”（钱），只要分得好，就有人愿意跟着一起干。只不过在微信平台上开发了很多软件性质的分销系统，现在一提“分销”，大家的直观反应就是一个软件，利用这种分销系统能解决大家推广和直接分利的目的，且都是通过软件实现的，不需要人工参与，所以效率很高。不得已，我们又用回了传统的“批发”“代理”这样的词汇，但是“分钱”的思想是核心，分的钱越多，大家动力就越足，像底层零售商就要分到30%～40%的利润，这样他们才愿意干，就是这个道理。

再换个角度看，夫子当初在策划如何快速建立批发代理体系的时候，就想过怎么样才能最快把代理都招来。一般来说，有两种办法，一种是一个一个招，大小代理都要，都直接归到三里人家品牌方麾下，直线联系；另一种是直接瞄准大的微商代理，他们手下已经有现成的几十几百几千个小代理了，直接收编过来，这样既省时又省力，能在很短的时间里建立几千人的代理体系。如果按照第一种方法一个一个招的话，招几千个代理估计需要一年左右的时间，而三里人家一个月就做到了。正因为有了这样的策划，才敢说三里人家将成为2015年微商界的一匹黑马，背后是有一定的把握和自信支撑的。

当然，要收编大微商团队加盟自己的品牌项目也非易事，需要对他们营销，但是营销的基础要建立在坚实的客户分析上，所谓知己知彼百战不殆，有了让大微商团队心动的东西，而后再慢慢营销，他们才能真正行动。这就是“直播”产生的威力，随着“直播”的进行，每天都会有“合伙人”加盟，他们都是带着体系来的（我为什么不用“团队”而用“体系”一词呢？是因为“团队”是发工资的上下级关系，而“体系”是靠货物联系的代理关系，虽然人很多但是只是利益短暂结盟，并不像团队有共同的使命、价值观，而且是个有战斗力的组织）。再回到三里人家设计的价格体系和门槛，发现不是只有实力只靠交钱就能做合伙人的，还需要月流水过 30 万元。这实际上就是把大微商过滤出来，只有他们才有做合伙人的资格，设计的分钱体系让他们心动就可以了。营销过程则是心理战，人家在观望，你做得好我就加盟，做得不好我不去蹚浑水。所以，要想收编大微商团队加盟，还要站在他们的角度看看他们在想什么，这里面也是有秘密的。

Section 3.5 大微商团队被收编的秘密：不是做成爆款人家就会卖你产品的

大微商团队加盟一个品牌项目的关注点是什么呢？在 2015 年 4 月份广州的一次微商大会上，三里人家的一个合伙人范范讲的一席话，给了我很多启发。她是个 90 后女生，但是手下已经有几千代理商，她和她的团队直接管理着这几千人，以下是她的一些演讲片段：

“很多产品找我们做，都做成了爆款，但我们不去做。我们选产品，是自己去选，要去观察，先看它的品牌，再看它的实力，后看它的模式。”

“一般找上门的，不如我们出去找的（产品）。”

“主要看是不是只火一阵，是不是正规，是不是专业。”

“我们主要靠微信群开课招代理，每个群500人，同时给几个群讲课，不断筛选过滤，定期培训。”

“不断收大小代理、散兵游勇，靠专业和实力征服他们，跟着我们干。”

“做任何代理，都拿最高级别。”

“通过夫子老师，招了10多个总代。”

“做合伙人也好做总代也好，一次拿几十万元的货，是给底下人看的，展示的是实力。”

从这些只言片语中我们总结出几条大微商团队选产品项目看中的要点：

第一，要有实力。实力的展示通常是物质方面的，对于一个知名品牌来说，就要看企业规模，考察销售额和利润，还要品牌口碑。对于个人来说，就是看创始人有没有钱，比如开什么样的车，有没有房，出门是坐飞机还是别的等。为什么要看实力呢？一般成功过的人比较容易成功，物质实力暗示了是否容易再成功，万一有什么差错，也能赔偿得起。

第二，正规、无风险。产品要有市场前景，产品质量要有保障，而且要各种手续齐全，不能有任何法律风险。

第三，要能成为最高级别。这些大微商团队实际上就是大渠道，级别越高，价格越有优势，与他们博弈的是代理商们，而不是终端客户。换句话说，他们是大的批发商，只关注批发，所以价格优势对于吸引代理商特别重要，甚至可以说是唯一法宝。如何拿到这个法宝呢？唯有拼实力。而拼实力敢压货，是他们最擅长的拿手好戏，别人不敢做的时候他们敢拿出很多钱做合伙人把货进回来，这样一较量，胆量稍小的代理就只有做下级代理的份儿，不知不觉就建立了利益关系。

第四，要能借力。在三里人家案例中，合伙人范范就通过夫子招了10多个总代，这就是借力，也是做最高级别的红利。总之，创始人背后的资源越多，对于吸引大微商团队越有魅力，在商言商，你总要先有价值才能吸引更多人围绕在你周围。

把以上几条再归纳一下，大微商作为一个人来说，也符合趋利避害的人性。利的方面，上面4条中至少有3条都是利，而第二条是害，我认为，害是大微商最重要的考虑，只要有害，纵有百利也不能选择该产品，实在是因为它的渠道性质决定的。什么是渠道？我们想想黄河就好了，黄河改过很多次道，水不从哪儿流了，哪儿就是废河滩，有水流的地方才是黄河，水在哪里哪里就是黄河。产品渠道也是如此，有产品在流通，就是渠道。没有产品流通了，这个渠道就不存在了。微商的上下级代理之间的媒介就是产品，有产品流通就有钱赚，这个渠道就是健康的，如果引进一个产品危及任何一个代理，比如安全或法律方面的风险，都会让千辛万苦建立起来的渠道瞬间土崩瓦解。

一个健康的渠道可以养活很多人，不能因为一个新产品的到来，让一个健康的关系到几千人饭碗的渠道有瓦解的危险，所以选择产品不能不慎之又慎，绝对不能只看到利而冲动。所以我们再回头看看范范的一些话，就能理解为什么不是你做到了爆款，她就一定会与你合作了，因为她要对很多人负责。

Section 3.6 有账不怕算，三里人家五级代理体系下品牌方还有多大利润空间

通过以上的分析，看到了三里人家黑糖项目的价格体系和游戏规则，对于吸引代理尤其是合伙人的加盟是成功的，说明符合了代理商们的利益和期望，那么我们不禁要问，钱都分出去了，品牌方还赚钱

吗？所以接下来我们要算算账，计算一下到底还有多大利润空间，以及其他项目应该如何设计代理级别。

我们参考图书的成本核算方法，用在一般产品的利润空间估算上。假如一本图书定价100元，纸张印刷装订成本10块钱左右，给作者的版税10%，营销推广预算10%，其他成本10%，对外批发是6折，那么出版一本书的利润空间就是：

$$1 \times 60\% - 10\% - 10\% - 10\% - 10\% = 20\%$$

出版社的利润空间在20%左右，这个利润空间不能算暴利，因为定价影响着销量，定的越贵销量越有限。定的越便宜，每本图书的实际利润就越低。通常一本书定价都在50元左右，所以实际上算下来一本书的利润也就几块钱左右，能超过10元的都不多，所以只能靠走量，畅销书才能赚钱。

再来看三里人家黑糖，定价128元，产品成本在20多元，就是占20%左右，场地人员服务成本占5%，推广成本占10%，税负占5%，这些加起来占40%，前面我们算过它的最低级别的代理商（也就是零售商）的折扣是66%，总的利润空间是：

$$1 \times 66\% - 40\% = 24\%$$

包括品牌方和各级代理（最底级除外）之间都在分这24%的利润空间。这时我们再看代理级别，级别越多，进来分钱的人就越多，如果只有2级的话，平均利润空间就是12%。如果有3级的话，每一级的平均利润空间就是8%，如果有4级的话，每一级的平均利润空间就是6%，乘以零售价128元，也就是每盒有7.68元的利润。这个利润如果是对零售商，肯定是赔钱的，就算不赔钱也没有销售动力，而对于批发商来说，则可以接受。事实上，各级代理之间的利润并不是平均分配的，级别越高，利润空间可以越小，因为他靠批发，走货量大，即使利润空间小点还是很有赚头的。

我们看到三里人家黑糖价格体系里，每一级的利润差是10元，而且是等差的，并没有越往顶级越少，而且总数也超出了平均值，这意味着所有的代理商的利润空间，加在一起都在挤压品牌方的利润空间，是不是这样呢？我们算一下：

合伙人的拿货价是：45元/盒，是零售价128元的35%。

而上面我们进行成本估算，品牌方的成本已经达到了40%，这意味着，代理商不仅把品牌方的利润全部挤压没了，而且还突破了成本线5%，按照我们的算法，三里人家品牌方每卖一盒黑糖还要赔5%的利润空间！吓我一跳！我赶紧打电话给夫子求证，你们的黑糖是赚是赔？他答：肯定赚啦，赔钱谁会干啊！

难道是我算错了？利润空间从何而来呢？我们定性分析一下有哪些地方可以节省成本：

产品成本如果从20%降到15%，就可以多出5%利润。随着销量的增加，生产效率的提升，成本降低是有望做到的。

场地、人员服务成本是固定平摊的，随着销量的增加，占比将越来越小，可以从5%下降到1%。

推广几乎没做，目前的模式只靠代理往下推，没有大规模打广告，所以这笔推广费也省下了，这可是大头。

这样再一算，我就笑了，15% +1% +5% =21%，卖给合伙人35%，还有14%的利润空间，还是不错的。而整个代理商体系则拿走65%的利润空间，其中零售商自己拿走34%，其他几级代理商拿走31%的利润，把大头都分出去了，各级代理商们就开始卖力推产品了，所以销量也就节节上涨。

如果放到淘宝上直销，仍按128元销售，品牌方自己做的话，这个利润空间就堪称暴利了，但是因为没分钱出去，所以就得自己推广，还是得拿出一部分利润出来。就算加上推广成本，这个利润空间还是很暴利，所以一旦竞争就势必降价打价格战，最终利润又趋于中等的水平。商业就是这样，哪里利润丰厚，竞争就往哪里挤，最终达到平衡的格局后又要开辟新的领域。总结一下，对于传统品牌就得把利润层层分给代理商，否则货物就不会流动；对于淘品牌而言，就得把利润分给推广平台，否则货物就不会流动；对于微品牌而言，就得把利润层层分给代理商，或者也可以分给推广平台，总之，“分利”是最基本的商业行为，越会分利就越能省力。如果能有效控制价格体系，品牌方则可以尽可能多地抢占销售渠道，同时又可以与代理商们分享低成本渠道的红利。

通过算账，我们发现，渠道成本（又叫通路成本）才是最大的成本！许多年前，马云痛斥渠道成本太黑了，一瓶酒从厂家出来到消费者手中，不知道要被加价多少次，多少倍！并坚定地认为，淘宝存在的价值就是帮老百姓买到便宜的商品。撇开了中间商，价格是下来了，但是也没人帮厂家卖了，对厂家来说有利也有弊。

另外提醒读者注意一个问题，那就是代理级数多少与成本的关系，从进货关系上讲，每增加一级，货物就要多流动一次，而每流动一次货物就要增加一次物流成本，这个成本要算在谁头上呢？有人会说，羊毛出在羊身上，最终还是消费者买单，但是如果代理商退货呢？就算不退货，如果这个成本由每级代理商自己承担的话，势必让本来就很薄的利润更加捉襟见肘了。

Section 3.7 高价产品由低级升高级代理体系：大卫博士内裤案例，消费商模式或许能让微品牌走得更远

如果说三里人家是从顶层设计，从合伙人开始向下发展底层代理模式的话，还有一个案例——大卫博士内裤，则是从底层消费者，逐渐发展成为代理商，并不断地成长为高级别的代理商模式，这是建立批发代理体系的另一条路径，我们简要了解一下。

我的朋友于常来打造了一款高端内裤产品。品牌名叫大卫博士内裤，也通过微信招代理。于常来先定了一个满意的价格：598 元，实际

购买价是399元，算是客单价，这个价格是怎么来的呢？包含了哪些内容呢？

大卫博士内裤每套399元，包含3条内裤，这3条内裤中两条是正装，一条是体验装，也就是按照定价每条内裤将近200元，但是实际购买价是折后价，要便宜不少，为什么要3条一起卖呢？因为要配合零风险承诺，大卫博士内裤承诺，购买之后一个月以上，366天之内如果觉得不满意，随时可以退货。为什么必须要求在一个月之上呢？就是保证要穿够时间才能获得良好的体验，没有体验就退是不行的，退的时候只要把两条正装不拆封退回来就可以了。最终消费者花了399元拿到了3条内裤，合100多块一条，比起接近200元一条的定价来说，感觉还是占了便宜的。

按说100多块一条的内裤也不算很贵，但是大卫博士内裤3条一起卖，提高客单价到399元，实在是很妙的一招。为了与价格匹配，除了产品功能质量有保障之外，于常来不断请高手出谋划策，进行高端包装，从名字、logo、包装（创新使用了易拉罐装）、赠品——洗内裤专用皂，等各方面进行了高体验的规划设计，并提出了口号“虽然不是内裤的发明者，但是要重新定义内裤”。在提供产品的同时，也要成为内裤知识的专家，比如正确洗内裤，等，所做的这些都让消费者感觉花这个钱很值。

接下来大家更关心的问题来了，这么贵的价格，能卖出去吗？有人买吗？怎么卖呢？

没人买就送，在微信时代，无论多高端的产品，只要朋友多，从免费赠送开始，一定会有效果。有人说，那得多少成本啊，可是如果不送你会怎么办呢？我们能想到的办法无非是拿钱打广告，而且广告未必有效果，倒不如赠送朋友做人情。有一类产品是不敢这么做的，那就是假冒伪劣产品，是不敢给朋友试用的。真正的好产品，就应该从身边的朋友试用开始，免费送给朋友试用，如果使用体验好，朋友们会推荐的。只要真心推荐，朋友的粉丝们一定会有买的，销路就是这样破零的。

再换个角度看，真正有效果的产品，就一定会有复购，第一次虽然是免费送，后面再需要的时候客户就会花钱买了。所以，有复购的就是好产品，好产品就不怕试用，不怕试用就敢送，敢送就能打开销路。开始的时候不赚钱，但迟早会赚钱的，而且建立在产品有靠谱效果的基础上的生意，是非常扎实的（心里踏实，对人有用，不坑人，良心过得去；事业根基扎实，能做大）。

有人用，有人买，就一定有人愿意帮忙卖。方法还是那个方法，就是分利。只不过这次大卫博士内裤，是从消费者入手，把真正用过产品、对产品有信心的人，让他们不光能得到产品给自身带来的价值，还能通过这个产品赚钱，甚至成为一个事业。也就是把消费者变成代理商，这种做法与三里人家黑糖直接招的代理商不同，后者是以赚钱机会为导向的，而前者是以产品为导向的，不同的初衷也会有不同的结果，当一个项目一直有赚钱机会的时候，以赚钱机会为导向的代理商就会非常卖力，显得很忠诚。但是如果这个机会在走下坡路，代理商可能会另寻新的赚钱机会。相比之下，以产品为导向，是建立在认可产品的基础上的，除非产品质量越来越差，只要产品本身足够好的话，他们就算不靠这个赚钱，也愿意把好产品分享给朋友们，就算别人不用，自己也会坚持用。总之人是靠谱的，那么事业的根基就是牢固的。我们还给从消费者转过来的代理商一个新的名字，叫消费商，如果一个品牌的批发代理体系是由消费商组成的，那么这个事业就会非常稳固。

所以，接下来就是如何设计机制，把人的积极性调动起来，让人有兴趣加入，并一步一步地升级。三里人家黑糖招合伙人，用了高门槛，是为了过滤出大微商团队，而大卫博士内裤则要反其道而行之，用低门槛让普通消费者成为代理商。具体做法就一句话，只要原价购买一件产品，再加一元钱，就可以成为代理商，即：

399 元 +1 元 = 代理商

也就是400元是最低级别的代理门槛，成为代理之后，拿货价格立即变成239元，如果399元卖给别人的话，就有160元的利润，不管是自己用还是代理都会有动力，自己复购觉得很划算，卖给别人利润空间也有动力。假设仅仅在朋友圈发了一下，就有朋友请他帮忙代购的话，代购得多就赚得多。我们按常理推测，有10次代购赚钱的经历后，代理商就会不满足这个利润空间，还想用更低的拿货价，还想赚更多的利润，这时他就想提升代理级别，按照下图的代理价格体系，就应该从金牌代理升级到钻石代理，按189元拿货，这下他每卖一套内裤利润就达到210元，不过升级的时候需要一次性进5000元的货。此时，该代理才慢慢进入了消费商的角色，把销售内裤当成一个赚钱的事业去做，花钱进货了就会投入更多的精力，用心就一定比随意做得好。

大卫博士代理级别

代理级别	首次货款	保证金	拿货价格	零售价格	授权书
顶级代理	5万	无	149	399	有
特级代理	2万	无	169	399	有
钻石级别	5千	无	189	399	有
金牌代理	400	无	239	399	有

注：2015年5月7日 开始执行

我们看这个价格体系，最低级别也就是金牌代理相当于6折拿货，有40%的利润空间。上一级是钻石代理，拿货价相当于47折，有53%的利润空间，越靠近消费者的级别利润空间越大，越往上升级差别越

小。这里的数字都是经过精心设计的，而且经过实践检验后又不断优化的，所以对代理商很有吸引力。一个看似偶然的现象是，在三里人家的价格体系中，靠近顶级的代理商之间是等差利润，每一级差别是10元，而在大卫博士内裤的价格体系中，靠近顶级的代理商之间也是等差利润，每一级的差别都是20元，按道理利润差是要从顶级到底层不断增大的才对，这两个案例不约而同地都是等差，难道真是巧合吗？或许不是，我们来分析一下。大卫博士的代理是从消费者转变过来的消费商，是从底层逐渐升级的，他们的视角是站在楼下往上看，最先看到的应该是越大才越有吸引力，越高的级别越小，而三里人家要招的是合伙人，他们是从上面往下看的，第一眼看到的是他与总代之间的利润差，如果是最小的数字则很伤人心，如果采用等差则会心里平衡一些。而在实际操作中，我们既要兼顾最顶级的代理，也要对最底层的代理有吸引力。比如大卫博士虽然设计的时候是为消费商设计的，也会有代理直接上来就做最高级别代理的，不能不兼顾，而在靠近顶层代理之间采用等差利润，就是出于这样的目的，上下都会很开心。

为什么要+1元成为代理呢？这个“1元”就是门槛，一定要付出代价取得的，虽然是花一块钱但也是付出了代价取得的。不过也因为只有1块钱，很少，大家都不在乎，所以很多人在原价购买的时候顺道就成了代理，这样的低门槛，就非常容易把大量的消费者变成消费商。这样的设计，对于快速建立批发代理体系，是非常好的办法。

一旦进入这个体系，尤其是尝到甜头之后，就会不自觉地往上爬，想越做越好，想赚更多，想做高的级别，想投入更多的资金和精力，想当成一个事业去做……事业都是人撑起来的，这样的消费商撑起来的事业，又是比较坚固的而且能快速成长的事业，未来这样的模式将成为主流。回头再总结一下这种模式，发现定高价、低门槛、升级代理多获利，都是要诀。不过真正套用的时候，第一重要的还是产品，如果产品不行，模式越好死得越快，一旦失信于客户，以后做什么都会很难，切记切记！

Section 3.8 招代理也要促销，不断分享成功，不断提高门槛

当价格体系和游戏规则设定之后，初期的合伙人也在不断加入，而项目运转进入正轨之后，项目的名气也会不断增大，品牌方的关注点和说法也会开始变化，他们开始想招募更多的合伙人。尽管以前可能说过只招多少个合伙人，人数够了之后就不再招了，但是当人数真的达到或者超过之后发现还得继续招。这是有原因的，第一，很多合伙人以下的代理，比如总代，在发展迅猛的情况下，就有升级合伙人的想法，如果开始的时候有前景不明、实力不足或者担心风险的心理的话，那么经过一段时间的市场检验后发现市场没问题，而做合伙人可以赚更多，在实力满足的时候他们就会想升级。在三里人家的游戏规则里，升级的时候，原来的上线，也就是合伙人，将获得一次性奖励，奖励他培养了一个合伙人所做的贡献，不过从此以后彼此之间就没了利益关系。在大卫博士内裤的游戏规则里，当自己的下级代理升级到和自己平级而且达到顶点时，虽然在进货方面他们之间不再有利益关系，但品牌方会拿出原下线创造利润的9%奖励给原上线，作为培养的褒奖，只要新合伙人一直做下去，这个奖励就持续存在。总之，人都有进步的需求，如果将合伙人的人数固定死，就等于把下面人进步的通道堵住了，而原有的合伙人因为占据了有利位置就可以坐享其成，下级的代理没有积极性，这对整个品牌的长远发展是不利的，所以，放开合伙人人数的限制是发展的要求，只是都升级到顶时如何处理原有的利益关系，则是需要智慧的，既可以一次性奖励一大笔钱，也可以持续按一定比例奖励。

第二，合伙人也要不断地淘汰。有做得好的，就一定有做得不好

的，一定会有一时冲动进来的，也一定会有那些期望值过高的合伙人，当发现现实与期望值差距较大的时候，他们就会萌生退意，并开始传播负能量。如果让这样的合伙人继续留在合伙人群里，就会影响士气，所以必须清理出去。这样位置就会空出来，品牌方就可以不断招募新的合伙人，而且多招一些合伙人备选。

第三，品牌商已经可以服务更多的合伙人。如果说之前只招有限个合伙人是怕应付不过来，或者仅仅是为了造成机会稀缺印象的话，那么第一阶段过去之后，就要通过不断增加合伙人的办法，来保持增长。每个合伙人刚加入的时候，是带着体系来的，是饥饿状态的，一旦通过首次进货把自己的渠道都填满喂饱之后，后续增速就会减弱。有新合伙人进来，就会带来新的活力。

综上所述，品牌方运作到一定阶段之后，就需要更多的合伙人加入，实际上也是在招新代理，或者让小代理升级，换个说法就是把货卖给代理商。如何让更多的代理商行动呢？以前让消费者行动，用的是促销，其实只要对象是人都是可以促销的，只是策略有所不同。以前我们的印象中，促销就是打折，就是变相地降价，我们在第一部分中也多有论及，不过那些多是对于消费者的促销。还有一种促销，是专门对于代理商的促销，则可以通过涨价或者提高门槛的办法实现促销的目的。

三里人家黑糖就是通过不断提高门槛实现促销的目的：

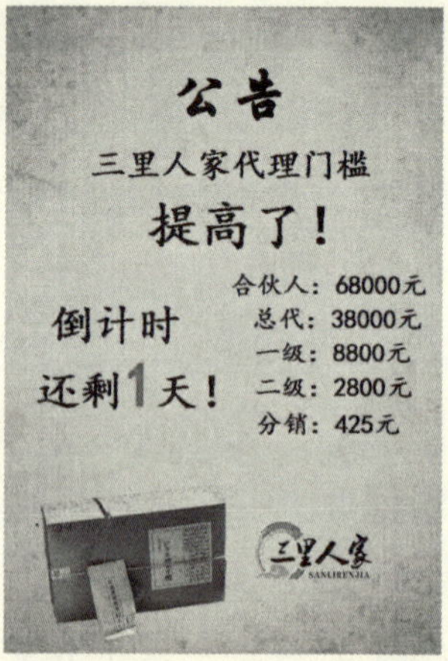

势头越火，越可以通过提高门槛达到促销的目的，让那些犹豫不决的人，快点行动，否则好不容易刚达到资格，就又要错失机会了。反过来看，一个不断在提高门槛的品牌，人们也会认为势头越来越火，更愿意追随。而且，提高门槛是得到合伙人的支持，对于三里人家黑糖项目来说，品牌方只和合伙人打交道，所以所有政策都要得到他们的支持，而提高门槛就是符合合伙人利益的事。第一，门槛提得越高，他们越有占便宜的喜悦，这是人之常情。第二，门槛提得越高，合伙人就越少，竞争就会越少。实践证明，三里人家黑糖每提升一次门槛，就会有不少代理升级或新人成为合伙人，促销的效果是不错的，而且在很多人眼里，三里人家是越来越成功的。

Section 3.9 提高门槛对各级代理的影响，他们是支持还是反对？对他们有利还是有害？

现在我们再分析一下新的价格体系对下级代理商的影响。实际上，每级代理都在从事招代理的工作，不停地招代理，达到往下铺货的目的。微商代理与传统线下渠道代理的区别是，线下传统渠道的代理，是按地域划分级别的，比如每个省有个总代，这个省的利益都要跟这个总代有关系，省级总代在各个市发展市级代理，市级代理再发展县级代理，这样一张渠道网就可以覆盖大部分地区的市场。在这个关系中，各级代理有各级代理的利益范围，是不许别人染指的和受保护的。因为有保护，大家才都卖力把产品往下推，而且不同级别职责是不同的，虽无明确分工，但实际上已经约定俗成，谁也不要越俎代庖，你是市级代理你就发展县级代理好了，把这个市的市场开发起来，才是你要做的事。总之，大家心里都清楚，你想做该区域的代理，我把这个区域的代理权给你，就是让你去开发市场的，这个市场是最终消费者。

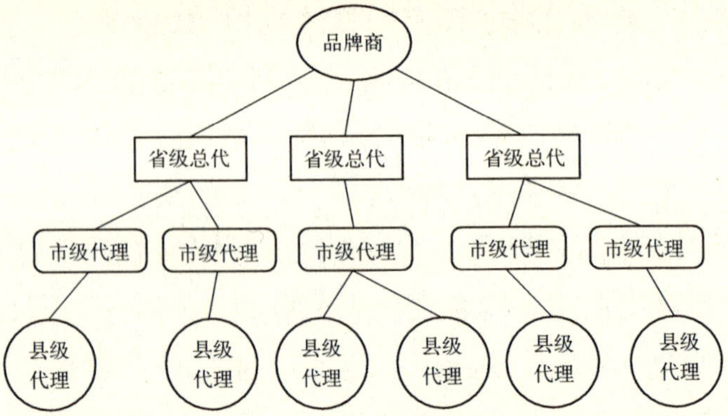

而现在微商的各级代理，则没有地域的划分，这意味着失去了保护，谁能抢到更多的下级代理，谁就有钱赚。于是大家就没有心思去开发消费者市场，而把精力都花在了抢代理上。以三里人家黑糖的游戏规则为例，明确说每一级都可以授权招代理，所以，虽然我们看到价格体系是分级的，但是最终组成的体系与传统线下代理渠道组成的体系是完全不同的。在传统代理体系中，依照行政地域的划分，代理的级别有自己的利益范围，整个体系是一个层级分明的组织，而在微商代理体系中，不同的级别只是进货实力的象征，如上一节所述，实力大了可以直接升级到最高级别，这在传统线下代理体系中是不可能的，你是市级代理就是市级代理，做得好可以享受更低的价格。用图标示出来更直观一些：

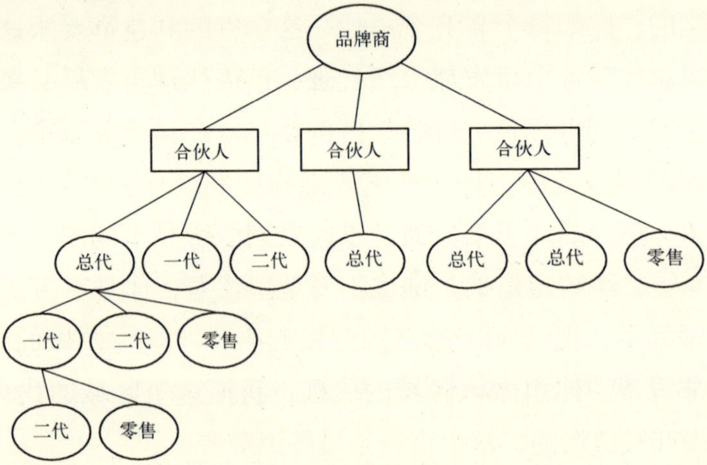

我们看到，在微商代理体系中，每一个代理都可以招下级代理，不论自己处于什么级别，也不论自己手里有多少货，甚至也不用管自己的拿货价，只管招代理就可以了，只要招到就等于有钱赚，因为大家都在按照一张表（也就是价格体系）行事。

模拟一个场景：我刚好遇到一个朋友在做三里人家黑糖的代理，她的一番说辞让我心动了，根据我的实力，我只能以 75 元的价格拿 20 盒货，做个二级代理。但是我朋友多，我把这 20 盒拿来送给 20 个朋友了，在他们体验后我也开始对他们展开说辞，希望他们做我的代理。他们问多少钱，我就把价格体系和代理门槛都给他们看了，他们觉得还行，有的碍于面子准备买几盒，就算做个最低级的代理，而有个朋友挺有实力的，也觉得项目不错，我俩关系也比较铁，对我也是信任有加，他觉得 65 的价格他是能接受的，按照价格体系表格，这就是一级代理了，不过门槛是一次性拿货 100 盒。他同意了，很快把钱打过来了，但是我手里没货啊，我赶紧找我的上家拿货，我拿多少呢？如果我还按二级代理拿货，拿货价 75 元卖给我的下级朋友 65 元，我赔 10 元，我如果对我的上级说我要升级，也升级到一级代理，按照价格体系和门槛要求，我也是要以 65 元的价格拿货 100 盒，然后再原封不动地卖给我朋友，那我的利润在哪呢？稍微不笨的人，都会想到我只有做总代才能赚钱，而做总代的门槛是进货 300 盒。我这么一来，我的上级可能升级到合伙人了，因为做到合伙人他才有钱赚，尽管他可能之前跟我的级别差不多，或许只是个二级代理。

如果从价格角度看，确实有点乱，每次的库存不可能全部卖光，那么进货价就有多种级别，而自己对外出货价也是面对不同级别，为了保持价格统一，自己的级别还是越高越好，这样下面的级别越低，利润空间越大；下级代理级别越高，进货越多，总之都有利益，除非他们升级到合伙人。就这个意义上看，不动价格只提升门槛，是对进入体系的各级代理都有好处的，提升门槛不仅是促销，更是不得不为的事，因为大家升级都很快。

Section 3.10 代理的管理与激励，所有代理集中在一起是利还是弊？

每个人都是抱着梦想加入一项事业的，但是现实与理想是有很大距离的。很多代理交了钱，进了货，计划很好，但是就是招不到下级代理或者卖不出去。这时候品牌方要给予代理商帮助，要给予培训和鼓励，当代理商很多的时候，也需要好好管理代理商。有管理则健康有序，无管理则涣散，所以代理商的管理也是非常重要的工作，不是招来收到钱就完事的。总的宗旨是，人家是跟着我们一起做事业赚钱的，不能让人失望。

第一步，需要将代理集中在一起。三里人家黑糖项目，是把所有合伙人都集中在一个微信群里，不断在里面互动，合伙人下级的代理商则集中在下级的QQ群里。大卫博士内裤项目，则是将所有代理都混在一起，每个微信群不超过200人，并按照级别的高低进行搭配，实现传帮带，每个群有个管理者，人不能太多，太多了就管理不过来了，超过了人数就继续分群。这两个案例都有一个共同点，就是把代理商们放在一起，如果按照传统的观点，则会担心他们之间有联系，但很多项目都是在统一管理代理，都是放在一起，为什么敢这么做了呢？一句话回答，就是微商时代没秘密，有了微信我们和任何人连接，一般两三步就可以实现，既然捂不住不如都透明，连价格体系都公开了，也不怕给消费者看，何况代理商之间的交流呢！而且放在一起，更容易激起相互竞赛的劲头，肯定是利大于弊。

第二步，定期培训。有人说，以后营销培训这个行业可能就不存在了，就是说，单纯靠收学费学习营销知识的业务可能做不下去了，为什么呢？因为营销知识的培训已经是微品牌的标配服务了，有代理的地方就有营销知识的培训，所以不用专门花钱去培训机构学习营销了，直接代理某个产品就可以享受到这种培训服务了。培训包含产品知识培训和销售技能培训，前者是品牌方的任务，后者则可以由专业的培训师去做。在三里人家案例中，他的培训师不仅有夫子老师这样的专职培训讲师，还让合伙人轮番上阵，这些百里挑一的大微商合伙人，本身实战性就比较强，讲得也很接地气，对得起“合伙人”这个名字。毕竟按照招商文案的说明，成为合伙人一起决策大事，参与是一种权利也是一种感觉，有参与感就会尽心尽力去做。所以三里人家的“合伙人”设计以及带来的培训效果，也是竞争力亮点之一。

第三步，不断激励。对于只靠代理自己不做直销的微品牌而言，激励代理商非常重要，只要代理商发力往下推，货就能走起来，就会找品牌方补货。以三里人家黑糖为例，因为他面对的都是合伙人，所以夫子在合伙人身上下了足够的功夫。试举几例：

补货超过一定数额，立即奖励 iPhone 6 plus 手机一部。有的合伙人已经得到十几部手机，堆了一堆。

有个代理商是 90 后小姑娘，刚到 18 岁生日，夫子知道后亲自到机场接，并为她办了一次隆重的生日 Party。

有什么好东西，比如新鲜樱桃刚下来，品牌商会给合伙人群里每人发一箱。

5 位或 6 位的稀缺的 QQ 号，品牌商用它开通了微信之后，再吸满粉，然后奖励给合伙人去开发。

举办的行业千人大会，请合伙人上台分享，一场下来可以吸粉上千，里面可以开发出不少代理。

有些小代理直接找到夫子，却又不符合合伙人条件，他就把这些小代理“送”给合伙人。

……

还有很多很多，可以说品牌商是在变着法地激励合伙人，投入的情感超过了物质，为什么要这么做呢？因为夫子心里清楚，所谓用高门槛招来的大微商团队，他们都是从做别人的产品起家拉起来的队伍。这意味着，他真正的竞争对手是这些合伙人的原来的老东家，物质利益人家也能给，而如此真挚的情感投资是合伙人在老东家那里享受不到的，只要这些人的心稍稍偏向三里人家一点，对业绩的拉动就会有大幅的提高。

第四，退货渠道畅通。要想市场价格不乱，就要把退货渠道保持畅通，所以要有备用金，以随时应对退货的，而不是把收上来的钱都分掉。一般，当某代理商实在做不下去的时候，如果有畅通的退货渠道，他们就不会危害正常的健康的销售，而当退不掉的时候就只有低价甩货了，狗急了也会跳墙，又因为代理商都在一起，传播的负面对其他代理商影响太大，严重的可能毁掉一个品牌，不能不重视。这也提醒我们，在生产供应环节要让渠道处于稍微吃不饱的状态，要对发出去的货是被消费掉了还是停在流通环节心中有数，如果只顾拼命往下压货，又拼命生产，一定做不久的。

Section 3.11 三里人家的成功哪些能复制？哪些有不足？

必须解决终端把货卖出去，而且要做品牌推广

三里人家黑糖项目的成功能复制吗？我们先从这个问题切入，然后进行引申，得出我们做微商项目的打法。

本章我们以三里人家黑糖项目作为案例进行剖析，夫子自己在分享的时候，总结的数据如下：

7 天 40 个合伙人；

12 天奖励代理商 36 部 iPhone6 plus；

14 天代理商突破 3800 名；

17 天团队成员增加到 39 人；

合伙人平均月流水120万元。

是如何做到这些成果的呢？夫子也总结了几条：

第一，独创合伙人模式；

第二，培训体系更落地；

第三，朋友圈文案写作团；

第四，独家199招吸粉秘籍；

第五，项目直播；

第六，产品为王；

第七，情感互动。

在说了这七条后，夫子得出的结论是，“我的模式可以复制”。

是的，这七条经验是可以复制的，稍微改变一下就可以运用在其他的项目里，但是复制了这7条就可以成功吗？夫子说的没错，“我的模式可以复制”，但不是复制了就能成功。因为为了这一个月的爆发，他默默地免费做了好几年的自媒体分享，不断地积累粉丝和信任，这一条是复制不了的，必须花那么长时间做那么多事才能获得，不可能一蹴而就。而所谓复制的思想，其实暗含了急功近利的意图。

静下来想想，我也总结了几条三里人家成功的经验。首先，我们先给所谓的“成功”圈定一个范围，就是说，三里人家黑糖项目在短短的一个月时间内就把代理体系建立起来了，收了那么多货款，成为微商界的一匹黑马，这一点上是成功的。其次，这一点的成功得益于两个方面，一方面是夫子自己的粉丝多，这些粉丝中大大小小的微商就有很多很多，所以才能一呼百应。另一方面是钱分得到位，价格体系和门槛模式有吸引力。如果要我总结，就这两点，当然有这两点就够了，能做到这两点的本就不多。其他方面是微创新，并不是核心。

之所以给成功圈定一个范围，是因为路还很长，能将成功延续下去是需要很大智慧的。我认为仍需要在3个方面发力，才能越做越大，取得更大的成功：

第一，解决底层代理商卖货的问题。只有把货卖给消费者并消费掉，钱赚到口袋里才踏实。如果货都在流通环节，收到的钱是不踏实的，随时可能退回去。利用微信直销卖货，在技术上已经没有了障碍，只是大家要把心沉下来，从虚浮的只盯着代理到盯着消费者，建立连接，为其服务，一步一步达成销售。

第二，增加推广预算。任何一个商业项目，都必须有品牌拉力和渠道推力两方面助力才可以，没有推广预算，不在消费者心智上埋种子，就不会产生品牌拉力，而只靠渠道推力，很快就会乏力。激励合伙人有效的前提是，渠道仍有空隙没填满，很多项目初期的快速发展，都是来源于渠道的容量，并不是消费者的需求。从长远来看，必须增加推广预算，而要增加推广预算就是增加成本，一方面是成本上升，一方面是合伙人要不断激励，两者都在挤压利润空间，所以我们后来者如果再设计价格体系模式的话，一定要正规化，把推广费用和税负都要算进去，否则难以做大，越往后面问题越多。所谓人无远虑，必有近忧。

第三，直接服务消费者，把老客户抓在手里才有复购的可能。上一章我们讲述了脑白金等案例，不管是传统品牌，还是淘品牌，或是微品牌，所有的商业项目真正赚钱的都是靠老客户，这一思想一定要根深蒂固。离消费者越远，心里越没底，越不知道市场的变化。所以，如何能得到代理商的信任，帮他们服务消费者，不抢他们的利益，这是需要下功夫的一项工程，而将来无论如何竞争，屹立不倒的核心竞争力就来源于此。

这几条表面上是从三里人家黑糖里总结出来的，实则对于其他任何想做长线的项目都具有现实指导意义，否则也没必要总结了。

结合这个案例还有一个心得，那就是慢慢来。把基础打扎实，才可以盖高楼，快速成功的机会留给别人吧，成功不争一城一地，也不争一朝一夕！

Section 3.12 品牌知名度和代理体系一战成名，开行业大会刷屏是性价比最高的方式

夫子能很快地创立三里人家品牌，并把代理体系建立起来，得益于他的自媒体人身份。对于更多的影响力不够的人，在新创立品牌的时候，如何能把品牌知名度和代理体系快速建立起来呢？这也是行业内人人都在摸索的。接下来我们也分析一下，希望对那些想一战成名的新品牌有所启发。

在传统品牌时代，招代理的方式是通过行业展会，在参展前要配合广告投放，先做一下品牌知名度的铺垫。一般的企业是边打广告，边铺渠道，广告打得越猛，渠道铺得也就越快。品牌方与渠道方之间经常为了广告、价格、付款方式进行博弈，就看谁更有实力。如果品牌方有实力，不怕花钱，可以一直打广告，不断地吊渠道商胃口，直到他坐不住找上门来，这时候就可以要求先款后货，价格上对品牌方也比较有利。如果品牌方实力不足，那就得受制于渠道方，虽然招来了代理，但可能是先铺货后结款，以最低的价格进货，而且货款可以拖延几个月，结款的时候还可以扣掉一些费用。

传统品牌时代虽然有很多弊端，但是其招商方式还是有效的。到了淘品牌时代，媒体分散了，销售渠道也分散了，都在网上，也不扎堆，谁也看不到谁，想招商就放到分销平台上或者类似阿里巴巴的批发平台上，过去那种一下子就能把全国代理渠道建立起来的时代好像一去不返了。就算投放广告，效果也差了，有人看电视，有人上网，如果想在淘宝平台上出名，也需要投入不少钱，但是不上淘宝的人仍然不知道有这个品牌的存在。

现在到了微品牌时代，销售渠道更进一步分散，媒体也是完全碎

片化的，无论多有实力，无论投资多少钱，都做不到让全中国的老百姓和渠道商都看到。这时候索性就不如先从身边人做起，消费者从身边能影响到的人里选，代理商也从身边能影响到的人里选，这里所说的“身边”是广义的而且是变动的，可以是一对多见过面的。比如一场大会你在台上，台下的人就是你身边的人，一场几万人的培训会，所有的听众都是你的身边人，一本书的读者是你的身边人，一段视频的观众是你身边的人……举的这些例子的共同特征是，有具象化的脸，有信任——这就是身边人。

一个品牌的知名度如果能在身边人里引爆，或者身边人愿意做代理，这个项目就能活下来。所以，对于微品牌的起步，应该是从一次个人发布会，或者大型的聚会，或者是有公信力的行业大会开始，如果营销策划精当，引起与会者的大量刷屏曝光，则可以一夜成名，与此同时，身边人不会放过赚钱的机会的，一定会充当首批代理商的，一艘微品牌之船就这样起航了！

第四部分

以电商规律展望微商未来

本章作者从自己面对微商趋势时的麻木不仁甚至抵制，反思和总结了淘宝电商的发展规律和经验，得出的结论是，现在微商正处于红利期，就像2008年前后的淘宝，如果错过了上一波机遇，这一波一定要抓住。本章还指出了淘宝卖家转微商的真正优势，也对微商的前景做了预测，使我们对中国的商业发展建立了信心。

Section 4.1 趋势来了未察觉，我也是刚从麻木的淘宝电商思维中苏醒

2015年1月，我组织了一次“电商微商头脑风暴营”，参与的人有做淘宝的、开天猫的“电商代表”，也有在做化妆品并有自己的分销队伍的“微商代表”，还有微信开发技术人员以及策略策划方面的智谋人士，总共20人左右。有一天晚上的节目就是“电商PK微商”，电商派人士认为微商火不起来，因为其最为人诟病的就是让人压货，有很多小代理被赚钱机会洗脑后，稀里糊涂地压了几万块钱的面膜，然后到处求救，询问怎么办。我也收到过类似求助，看完后深表愤慨，觉得这样的微商是在坑人，我自己之前也被一些所谓“赚钱机会”骗过，不仅损失了金钱也让我在家人面前颜面尽失，所以有点痛恨这种模式。电商派认为，淘宝多好啊，物美价廉，明码标价，有需求了再去购买，没需求时没人强迫，你买或不买它都在那里，它不会主动推销，更不会利用人性的弱点伪装成一个赚钱的机会让人上当……

辩论异常激烈，很多开始在默默听的人都会忍不住插话，辩论到最后是微商派占了上风，很多人都站在微商派阵营。他们认为微商分销模式并不违法，现有的问题只是道德层面的问题，作为商业模式并没问题。传统行业也有这种情况啊，有卖货供不应求的，也有堆满仓库的，这是寻常现象。再有，微商并不是只卖给分销商，实际上购买

并消费掉的消费者大有人在。

我是主持人，按道理应该保持中立没有自己的倾向性才对，但是我一直从事淘宝电商的背景却让我不自觉地站在了电商阵营，尽管如此，辩论的最终结果还是电商派输了。

虽然不服气，但当时我并未客观地就微商派的观点深入思考，只是一味地坚持己见。

春节后到广州，在一次饭局上见到了一位闻名已久但未谋面的之前在做淘宝客培训的朋友，他已转行做微商了。他做的是祛痘产品，在微信上直销，每个月的销售额在大几十万元，有时候可以过百万元。他声称，已经摸索出了底层代理商卖出货的方法，而且把这一整套引流的方法和话术以及销售流程规范化，传授给他之前培训过的学员，这些学员竟也都卖货卖得很好，收入颇丰。

这件事对我震撼很大。该朋友原来从事淘宝客培训，也是看不惯微商的，不过他看不惯的方式是自己亲自去试，看到底能不能通过微信真正把货卖出去。结果他花了半年左右的时间把这一整套技术都打通了，虽说开始有点慢，但是之后的过程就比较快，毕竟想赚钱的人非常非常多，很容易就把队伍建立起来了。

回去后我进行了深入的反思，而且只对一个点进行思考，那就是微信能不能卖东西。通过身边朋友的做法，尤其是第一部分提到的空姐家的案例深入思考，换个角度看发现结果不一样了，原来的理解是用微信服务，实现复购的目的，但恰恰忽略了微信可以支付，用户不用拍就可以付钱的事实。什么是买卖，不就是一手交钱一手交货吗，有了微信支付可以直接付钱，然后用物流发货，这不就是买卖吗？囿于淘宝思维，总觉得要有网店，而微店又没有信用评价体系，流量又导不进来，所以微商没戏，但实际上这种思维是狭隘的，只要有人信你，给你付钱，买家都不纠结，卖家又何必纠结呢?!

也就是说，通过淘宝转过来的客户，既让买家实现了复购和转介绍，同时卖家也不知不觉地进入了微商，只是这一切都太平滑，连他们自己都不觉得自己已经进入了微商角色。而且这与大家心目中的微商印象不一样，人们还觉得她们就是做淘宝的，所以都没有太留意。但实际上“两岸猿声啼不住，轻舟已过万重山”，他们已经走了很远，我们还在概念上争论不休，对事实麻木不仁。

思维打通之后再往前想想，就开始觉得自己可笑了。2014 年我们帮客户运营天猫店，做电商淘品牌。当时我们和微信畅销书作者王易在一起办公，那时候来找他合作谈微商的人很多，虽然经常可以一起享用商家寄来的好吃的好喝的，但从没有深思，偶尔让我出出主意，我还是想把他们拉到电商上来，骨子里就没认同微商这个东西。

回头来想想，如果那时候就醒悟呢？如果那时候的项目是用微商来操作呢？会不会结果是另一番景象呢？

再插个题外话。我自己也创办了个节目，叫“营销评书”，就是每天读一节畅销书，语音版的，解决大家不喜欢看书又不得不学习的问题，听众很多。大家喜欢听的一个原因，是因为我在每一节都有“点评”，结合电商创业管理等经验，讲一下自己的读书心得，大家觉得很受用。其中有一次读的就是周鸿祎的书，他讲没人能打败趋势，讲了很多人面对趋势来临的时候，有的先知先觉，有的后知后觉，有的不知不觉，还有的在反抗在阻止。那一节我点评得很深刻，我提到了去中关村电脑城看到的那些卖家的无奈，笑话他们不肯转型，抱有遗老遗少的心态……这一节播出去之后反响强烈，纷纷评论说点评麻辣深刻。然而道理说来容易，做到知行合一就难了，而且说别人容易认清自己难，面对微商的趋势，我自己做到了什么程度呢？真该好好检讨！

Section 4.2 现在的微商犹如 2008 年前后的淘宝，处于最佳红利期

2005 年《赢在中国》的火爆，就是大家创业热情的一次集体爆发

和报道，在到处都是机会的地方，很多金科玉律都会失灵。比如说企业要聚焦，不要搞多元化，为什么要这样提呢？就是因为很多企业都去搞多元化，他们看到赚钱太容易了，机会太多了，自己不去做，就会错失良机，如果这些机遇会造就强大竞争对手，那还不如自己去做呢。这么多年过去了，也是难以下个结论这么做到底是对还是错，因为有成功的，也有失败的，而且各有各的理由。在当今这个时代，颠覆者到处都是，一不小心既得利益就要落空，有时候多一条路也未尝不是一件好事。

时势造英雄。没有网络时代的机遇，就成就不了马云、李彦宏、马化腾这些人的事业。没有太平天国起义，也成就不了清朝名臣曾国藩，否则他可能只是个普通的默默无闻的京官。任何人做事成事，都要看大势，时来了就是风口来了，不一定要多高的智商多大的智慧。看准大势，成功不过是顺风顺水，不知不觉之间就达到目的了。

以前我对“明道、取势、优术”的体会还是比较浅，但是这一年来对比了电商微商之后，发现了这6个字实际上代表了3个境界，在哪个境界就成就哪个境界的功。举个例子，当我听到有人把淘宝直通车的课讲到出神入化时，当我听到有人把直通车开到炉火纯青时，我在想，你每天烧那么多钱你能赚钱吗？你有盈利吗？你的ROI还正常吗？看你一天出那么多单但是真的有利润吗？敢保证不赔钱吗？最后我给他贴了个标签：优术。即是说，这些聪明才智都是“术”的层面的，做好了可以喝点汤，做不好可能就赔钱，当然任何行业都有漏洞，能捡到漏的人照样能吃肥肉，不在讨论之列。

当大家在淘宝的直通车红海里厮杀时，有些人抓住了机会，去开辟没人竞争的微信领域，这就是“取势”。但是“势”这个东西是有时效的，可能很快就过去了，抓住了就发达了，抓不住就只能等下一波了。而且，机遇来了形势大好，也不一定走的都是正道，也有人干坑蒙拐骗投机倒把的事，虽说也能赚到钱，但终究不是长久之道，多数情况下，“出来混迟早都要还的”，所以还需要“明道”。

真正能成就大事业者，能影响时代和载入史册的人，都是循大道的，比如帮助人们生活过得更好、更快捷、更方便、更省钱等。不管是个人还是企业，大道都是做好产品，沉淀成品牌。品牌就是产品，产品就是品牌，好产品品牌才能美名远扬，长久流传。不好的产品，就会被时代和社会淘汰。真正到产品和品牌这个层面和境界时，发现“取势”并不能决定“明道”的生死，有好产品有好品牌，淘宝机遇来了做淘宝，微商机遇来了做微商，不过是换个平台和渠道而已。

所以，在淘宝上做淘品牌，在微商上做微品牌，都是立足于做好产品，做长线，是“明道”层面的，为的是长久的一劳永逸的利益，前文第二部分实际上讲的就是这些。而第三部分，结合微信微商的特点发展分销渠道，建立分销体系，犹如在淘宝上做爆款，是“取势”层面，似乎包含了一点点“术”的东西。而真正具体如何把产品卖出去，仍有太多太多的细节，而且始终处于不断变化之中，甚至需要专门的一本书来论述，这才是真正的“优术”。

说了这么多，无非是想说明，现在微商刚开始发展，机会很多。前事不忘后事之师，淘宝电商在2008年前后，才是真正的爆发期，那时候随意将一招用到极致的，都赚得盆满钵满。比如有的卖家其实只有10来个单品，但是网店里有上万个宝贝，获得大量的曝光，曝光大流量就大，旺旺响个不停。有个人只做旺旺群发，开始的时候一天发几千条，后来一天发几万条信息，为此还专门开发了软件，再后来一天发几十万条上百万条广告，生意火爆！有人说，淘宝不管吗？管，肯定要管的，但是淘宝也没经验啊，它要一手培植市场，一手规范行为。既不能不管，又不能管得太死，管得太死没活跃度了，火不起来，平台商业价值也没法扩大。微信平台不也是这样吗？比如加好友封号，也不是不能不封，也没有全封，道理是一样的，总之现在微商是培育期，有大把的红利，不能再放过了。

Section 4.3 淘宝电商人转微商有巨大优势，宝妈们根本不是对手

在任何时代，机会来临的时候都会有一群人先抓住，可能的一个原因就是他们时间充裕大脑聪明。比如，淘宝刚兴起的时候，第一批做淘宝的人是大学生，有人说他们是找不到工作，但其实也有人专门辞职去做淘宝的，就算是找不到工作吧，上帝关上了一扇门，就会打开一扇窗，他们去开淘宝了，于是，他们就抓住了那次机遇。

这次微商之风刮起，则是由大量在家带孩子又想赚零花钱的宝妈开始的。多数商业行为产生的逻辑是，别人用某种方式赚了我的钱，那么，我也可以用同样的方式去赚别人的钱。因为这种方式被验证过，可以推己及人，这样的招数一般是有效的。具体说，假设第一批卖家尝试利用微信卖东西，而第一批购买者是宝妈居多，那么后来做微商的主力群体也就是宝妈们了，因为别人在微信上卖东西赚了她们的钱，她们也就能如法炮制在微信上卖东西赚别人的钱。

相比宝妈这样的微商群体，淘宝电商人拥有很大的优势。就像传统行业摸爬滚打锻炼出来的商人一旦觉醒进入电商平台后，那些土生土长的淘宝电商人，比如第一批做淘宝的大学生群体，他们没上过班，没受过职业熏陶和规范管理，没管过人，自己单打独斗还可以，面对传统企业带着钱，带着人，带着公关，带着经验和技术杀进来，土著电商人就不是对手了。

同样的道理，当浸泡在电商行业的淘宝卖家觉醒过来，杀入微商领域时，面对的是手无寸铁的宝妈们，其竞争力可想而知。淘宝电商的优势有：

第一，拍照修图能力，开淘宝店这些都是基本要求，甚至自己当

模特也是家常便饭，做微商这些技能也是要的。

第二，鉴别产品能力。当淘宝店主要经常去拿货，见多识广，也是多年磨练出来的，是不是假货，质量如何，总比没泡过商海的人有经验吧。

第三，写文案的能力。这也是淘宝店主必备技能，每个产品不光要拍图上图，还得编写文案，在淘宝上又叫宝贝描述，为了让人购买，为了增加信任，真人露脸的、拿着身份证的、声泪俱下的、以宝宝做模特打亲情牌的，可以说无所不用其极。

第四，沟通能力。经过旺旺磨练，大多数淘宝店主打字速度已经没得说了，常见问题已经倒背如流，客户动机甚至潜台词已经可以预料到三句话之后了。当然，也有可能打字很棒但是不会说话，如果变成微信语音沟通，还需要再适应。

第五，打包物流发货查询能力。包括用什么快递，哪些快递覆盖范围如何，快递费用如何做到最低，如何跟踪，如何查询，这些都对淘宝店主来说都是手到擒来的，而新微商们是需要练习甚至要交不少学费的。

第六，售后和客户关系维护能力。这个就不细说了，微商在成交之后的动作，和淘宝电商没啥区别，对淘宝店主来说，这都是轻车熟路。

还是那句话，只要自己不对思维设限，自己不束缚自己，电商可能没有赶上先机，但是在微商上完全可以弯道超车。

Section 4.4 淘宝电商与微商的区别：店不动人在转 VS 人不动商品在转

淘宝电商是以网店为核心的，玩的是大流量和爆款。一个网店销售的产品是固定的，网店和产品变化范围是比较小的（不是指产品更新能力，而是指跨行业差异），流量是不断变化的，每时每刻来看的人都是不同的。用一句话总结，淘宝电商是店不动人在转。人像走马灯一样不停地换来换去，谁有需求谁会找上门来。

微商卖货主要是卖给朋友圈的“好友”，这里的“朋友圈”是指通信录里的每个人，“好友”也是各种关系都有，亲的疏的，远的近的，熟悉的陌生的，有血缘关系的没血缘关系的，有经济关系的没经济关系的，单纯归结为“强关系”“弱关系”其实也不尽然。因为通信录里的好友数量有限（一般5000人），所以可以认为人是固定的，不过这里面的人什么样的需求都有，如果建立了经济关系的话，理论上可以卖任何产品给这些人。用一句话总结，微商是人不动商品在转。人就是那些人，商品像走马灯一样换来换去。与淘宝不同的是，微商更需要主动挖掘用户需求，然后给他提供产品，而淘宝是坐等买家上门买。

从二者的区别可以看出，虽然淘宝电商人切入微信平台的时候，是从自己网店里在卖的产品切入的，而且也是以自己的商品为主，但是卖到后来，可能会什么都卖，卖的产品五花八门，也说不定会转行换产品换主业。这需要观念的转变，当然观念也是必然会转变的，如果不转变，纵使自己的微信好友里都是“客户”，因为他们的复购频率低，比如是耐用品或偏冷门产品，最终仍会抱着金饭碗要饭。

也只有转变了观念，客户的终身价值才能被进一步放大，才对得起微商投入的情感和时间。因为，淘宝电商与微商的一个重大区别是，前者关系相对简单，买卖关系更单纯，而后者是先建立感情和信任，然后才有买卖发生的。必须不断地投入感情维系，才能有持续的买卖发生。然而每个人的时间和精力都是有限的，一个人能服务的人数也是有限的，如果想让回报最大化，就要像个大超市一样，他想买什么你都卖，这样就开源了，价值就最大化了。

由此可知，淘宝电商与微商在看待客户上有很大的区别，对于各自从零起步做的人来说，不需要适应就可以直接进入状态，而对于从淘宝电商转过来的人来说，就需要一个适应过程，达到能在二者间顺利切换的目标。不过也有令人高兴的地方，那就是从淘宝转微商的人，不用刷朋友圈，反正客服粉丝已经知道你是商家身份，知道你是卖东西的，我要买什么直接找你就可以了。何况你已经建立了一整套服务和促销系统，如果再发朋友圈的话，就会显得画蛇添足，令人生厌，如果因为被用户讨厌而删除，实在是得不偿失，这也是令纯微商羡慕的地方。

Section 4.5 PC 和互联网时代的核心是流量，流量越大生意越好；移动互联网的核心是粉丝，粉丝越多卖的产品越多，电商不等于店商

设备变了，使用设备的场合和方式也变了，所以营销方式也要跟着变。PC 一般是以台式机为主，笔记本电脑为辅，指比较固定的不容易移动的上网设备，由于其屏幕大，可以同时打开很多页面，浏览信息量比较大。而到了手机或平板电脑时代，这些设备几乎成了人身体的一部分，形影不离，也分不清人是设备的一部分，还是设备是人的一部分了。所以，有时候抓住了一个移动设备，就相当于抓住了一个人。

马化腾在讲微信的开发与 QQ 的区别时，就特意强调要直接在手机上开发，而不要在 PC 上开发然后再移植到手机上。也就是说，不用受电脑思维的影响。基于这样的理念，微信系统就没有上线下线的概念，人在手机在，永远都是在线的。

网店流量的概念也是 PC 和互联网时代的产物，我们到一个网站上看网页，或者到一个网店里看宝贝，都是静悄悄的，像水流过一样毫无痕迹，如果我们不主动找卖家聊，卖家何曾知道我们来过？他们在明处，我们在暗处，我们可以随时找到他们，他们不能随时找到我们。

因为看的人多买的人少，所以就需要更大流量，流量是电商网店的命脉。每天都是如此，时时刻刻都是如此，什么时候没流量了，什么时候就没生意了，电商就是建立在这样的平台基础上，所以说，PC 和互联网时代的核心是流量。

微商是建立在移动互联网和手持移动设备上的，连接到一个设备就相当于连接到一个人。如果你出现在别人的通讯录里或别人出现在你的好友录里，那就是建立了连接，随时随地都可以找他说话，为了区别强关系的亲朋好友，一般都叫粉丝。当然，如果想多卖东西，粉丝越多越好，所以说，移动互联网的核心是粉丝，这是相对 PC 和互联网时代而言的。其实，无论做什么事，无论是求助、求援还是卖东西，都是讲概率的，粉丝多了概率自然就大，这个道理很浅显。

以前，一些大咖朋友利用自己的自媒体推荐我的微信号，消息刚一发布就会有很多人加我，我的手机也因此变得很慢，后来就拒绝朋友把我推荐给陌生人，不认识的也不给通过。现在看来，这其实是一种狭隘的思想。不管做不做微商，粉丝还是多点好，就算别人对你营销，也是多一种学习渠道。还有另一种误区，就是只加所谓高质量的粉，或者加“精准粉”，这都是“店商”思维在作祟，而且根本没有认识到人的价值，更别说客户的终生价值，以及缘分巧合等意外因素了。要珍惜每一个进入你朋友圈的粉丝，小人物有小人物的价值，鸡鸣狗盗之辈在孟尝君那里都有用。生活经验告诉我们，很多时候我们特意巴结的“大人物”未必能帮我们，反倒是不经意遇到的人，可能是你的贵人，所以，对待每一个人都要有敬畏心。有个朋友跟我说，他看通讯录的粉丝，就像看到花花绿绿的人民币，看到谁都很开心，心情都很好。实际上，他做得很成功，我也不知道是心态影响了结果，还是结果改良了心态，谁能说得清呢！

Section 4.6 淘宝客户与微信粉丝的区别，客户买卖关系是介于强关系和弱关系之间的谈钱不伤感情的关系，陌生粉丝最好一接触就能收钱

微商的快速发展催生了加粉技术的研究，各种加粉方法层出不穷，除了最原始的从手机通信录和 QQ 好友直接导入成为粉丝之外，还有让亲朋好友推荐的，有让亲朋好友拉到他们的群的，有用红包吸引的，有写文章引导加粉丝的，五花八门，应接不暇，感觉学也学不完，用也用不完。加的这些粉，有之前就认识的，有闻名但没见面的，有拥有共同朋友的，其他都可以归到陌生人里，这些都是从关系的强弱角度划分的。更多的是陌生加粉，因为每个人认识的人毕竟有限，社会资源也有限。

有一类粉是比较特殊的，就是从淘宝客户转移过来的，他既不属于强关系，也不属于弱关系，一般的微信关系理论对他都不适用，它就是客户关系、买卖关系、金钱关系、服务与被服务的关系，有信任在里面，有热情但没“感情”。卖家热情是为了你能购买或再次购买，是看在钱的份上，如果你去别家买，他的热情马上消失。客户关系是谈钱不伤感情的关系，是可以讨价还价的关系，是相对单纯的，没有感情就不会太影响情绪。

区分这两类关系，是为了弄清他们的区别，从而在相处方式和实现目的上更有针对性。

对于一个微商来说，所有的粉丝都可以用人民币衡量，也就是说，这些粉丝最后都要变成客户关系的，要和他们建立金钱关系、买卖关系，这是最终目的。但是对于通过以上加粉技术带来的强弱关系的粉丝来说，要实现这个目的，需要经历价值贡献、信任培育、感情投入

等阶段，是要花一番心血才能达到目的的。做得比较直接的就是刷朋友圈，做得比较用心良苦的，则要不断经营自己的形象，最后销售的时候还要隐藏自己的身份来卖货（这些内容在我的下一本书《人人都可以做微商赚钱》将进行专门讨论）。总之要投入很多感情，最终都是为了第一次成交。

而淘宝成交客户，自进入微信朋友圈以来，就已经突破了这些障碍，建立了金钱客户关系。后续的路则很相似，都是要实现重复购买，虽然目的地是同一个，但因为来源不同，走法还是不同。打个比方，淘宝客户粉丝是花钱购买服务来的，只有需求和服务的金钱关系，后续就是不断地展现自己的价值，激发需求，就会再度产生交易，目的就实现了，不用遮遮掩掩，不用再刷朋友圈告诉人家你是卖这项服务的，人家知道，不刷朋友圈也不会惹人烦。

通过技术加粉进入朋友圈的粉丝，是需要通过营销技巧一步一步吸引他完成交易，交易完成之后不能就此为止，如果还要有后续交易的话，就需要继续投入感情。直接刷朋友圈卖货，就好像刚见面不久就展示自己真实目的，被屏蔽被删除非常容易理解。先展示自己的作为一个有血有肉的真人的形象，取得信任和好感，再设法达到最终目的。所以，如果能从包括淘宝在内的电商客户直接转成微信粉丝，这种微商就轻松多了，目的同样实现，又不用那么累。

还记得在第一章里提到的“一元投注”案例吗？钱虽然很少，但是有了这个行为就建立了金钱关系，下一步就可以谈钱了，这其实是培养一种习惯。虽然那是从淘宝过来的客户，已经建立了金钱关系，但还是要在微信上再次建立金钱交易关系，并逐渐培养成收他们钱的习惯，当他们给你付钱不用思考的时候，后面无论做什么交易都会非常顺畅。这对纯微商的启发是，就算加的都是陌生粉，最好也要设计一次低门槛的交易，无论让对方占多大便宜，如果能在一接触就建立一种你收他钱的金钱关系，这对于以后卖更多东西给他，是个最重要的铺垫。

Section 4.7 微商或许能摆脱电商卖家艰辛的命运，一周只卖一次，很任性

虽说从淘宝导入的客户粉丝要比微信直接加粉的要轻松些，但实际上，“微信就是建立连接”的属性决定了它是一种超越一般买卖关系的关系，由弱关系开始一步一步变强，这都是时间和情感累积的结果。关系越强，理论上卖的东西越多，所以，投入的时间和感情与回报是成正比的。

过去说，做淘宝电商的人是非常艰辛的，这样看来，做微商的人也摆脱不了这个命运。所不同的是，淘宝电商是被动的，而微商则可以主动出击，在和粉丝互动中也有一丝丝乐趣，除了金钱也能得到成就感和满足感。

这样说，可能会吓退一些想进入微商的人。但或许实际情况不是这样，因为现在微商刚兴起，到底怎么样，仅仅是一些推理和推测。

我认为，微商是能摆脱电商卖家的艰辛的，活得可以潇洒一些的。这种情况就是微品牌建立，客户关系稳定之后，那时候，大家都知道你是做什么的了，也已经通过你的产品感受到了价值。这时就可以，展现最真实的一面了。到那时候，在某些领域的产品，比如农产品或美食，就可以做到不用天天卖。举几个例子，比如我家是种樱桃的，大家吃惯了我家的樱桃，不用化肥不打农药，几十年的老树，好处大家都知道了，每年都是提前预订排队购买，晚了就吃不到，这种农民微商就不用天天卖，一年卖一下就可以了，剩下的时间就可以干别的事情。

再比如，我有一个朋友的父亲做的猪大肠特别好吃，远近闻名，每次都被提前抢光。虽然不断提价，但买的人不减反增。就这样也不

是谁都有口福，老爷子要看心情，一个月两个月才做一次，心情好的时候就让大家解解馋，心情不好的时候天天催他也不做，就是这么任性。

看着好像是在搞饥饿营销，但其实不是。很多时候客户确实等得不耐烦了，馋得实在不行只得去别家购买，客户都走了他照样不做，这可能是真任性。类似这种手艺活，如果能做到一周卖一次，让客户一饱口福，这种微商玩着就很有意思，不用担心卖不掉，也不用天天卖，大家的需求都搁那憋着呢，每周一次抢购，抢不到下周接着抢，剩下的时间游山玩水，活得很有品位。不用掉进钱眼里，可以融入生活，做出来的东西一定更美味，生活就是艺术，身心放松下做出来的美食也是透着精气神儿的，不做金钱的奴隶。我想，微商是可以成就这样的生活的。

Section 4.8 较之淘品牌，微品牌会遍地开花，因为渠道比爆款更重要

一路从电商走过来，面对做品牌这个事，不同的群体理解也发生了巨大变化。自从出版过《淘品牌》一书后，找我咨询和策划的人也有不少，但远没有想象的多，为什么呢？正如鬼脚七所说：做得好的不需要做品牌，做得不好的没实力做品牌。当淘宝流量红利很足的时候，随意运作订单就很多，活得很滋润，干嘛要去做品牌呢？当形势不好的时候，都没生意做了，生存都是问题，哪有多余的精力去做品牌呢？

说的都在理，所以只能摇头叹息：人无远虑，必有近忧。形势好的时候，更要未雨绸缪，为长远发展做长久铺垫，等到了形势不好的时候，才有抵御寒冬的能力，这时候品牌优势才能发挥出来。品牌是

为了解决竞争问题的，品牌是为了竞争胜出的，品牌是解决竞争问题的最高阶段。本书第二部分讲过，当一个产品在市场上供不应求的时候，根本就不需要营销。营销只有在面对竞争的时候才出现，商家之间斗智斗勇，不断变换花样，一般的小花招都玩完了，到了最后一招就是做品牌了。

由于传统行业的影响，认为做品牌就是做广告，就是大手笔投入，这让很多淘宝卖家望而却步，加上淘宝的流量红利，根本不需要做品牌就可以活下去，所以做淘品牌的屈指可数，做得优秀的更是凤毛麟角。如果不是入驻天猫需要注册商标，而天猫又有巨大的流量红利的话，很多卖家都不知道他们已经被外人看做是在做品牌了。

时间耽搁越久，恐惧就变得越淡，现在的很多微商人，上来就做自己的微品牌，在他们的脑海里，做品牌就是花1000多块钱注册个商标而已无所谓。所以，微商虽然兴起时间不长，微品牌已经呈现遍地开花之势。仅仅在面膜一个领域，2014年就有上千个新品牌产生，一位做商标的朋友说，之前他赶上了天猫的红利，买卖商标让他赚了不少，很多人不想等待注册商标的时间，就直接花钱买，于是也出现了专门从事炒作商标这样的行业，有时候我们感慨能想到的好名字都被别人注册了，跟这个行业也有关系。但是他说，现在做微商注册商标的，比过去为了入驻天猫的要多好几倍，我现在约他都很难，太忙了，由此可见一斑。

什么是微品牌？如果任何事业都是时代机遇造就的话，那么，传统品牌就是赶上了改革开放大好时机存活下来的品牌，淘品牌就是赶上了淘宝电商大潮创立于淘宝平台上的品牌，而微品牌则是立足于微信平台赶上了微商大潮创立的品牌，机遇是均等的。注册个商标名字花费也不大，谁都可以干，但是不是能存活下去变成一个长久品牌甚至百年品牌，则需要多方面的综合实力，大浪淘沙，最后剩下的才是市场需要的真品牌。英雄不问出处，时间久了，谁管你是淘品牌还是微品牌，这个出身会慢慢淡化的。

微品牌之所以有遍地开花之势，微商做微品牌的热情之所以比电商做淘品牌的热情要高，其实是有深层次原因的。过去做淘宝可以不做品牌，只做个卖货郎，淘宝会给你无限的流量，但是对于微商不行，因为微商主要不靠爆款模式。一个产品，你卖得再火爆，朋友圈里的人也是有限的，何况他们也不可能全都买，更不可能天天买。就算朋友圈的人全买，也不过几千件的销量，比起淘宝一下子上万单的爆款销量，还是没法比。

再有，从平台层面看，淘宝上有订单系统，打单可以用机器，又快又不容易出错。微信上收钱不安全，客服也不完全放心，订单可能是语音的，订单一多就容易出错，在第一部分也描述过这些情况了。总之，微商要想做大，就必须连接更多的微商帮你卖，这就是批发代理体系模式。而让大家帮你卖的前提，是要有自己的品牌，这就是微品牌遍地开花的深层原因。或许，在微品牌时代，渠道比爆款更重要，你自己卖得少卖得不火都不要紧，只要有足够多的人帮你卖，最终还是会火的。

Section 4.9 微商和微品牌或许是百姓之福，期待更多靠谱的人用自己的人格做担保做产品

如果没有“微信”这个通信工具，我们看到“微商”这个词时，联想到的是应该是相对于大企业的一个反面，小到不能再小的一个商家——其实就是个人，个人从事商业买卖，就是微商。同样的，我们看到“微品牌”这个词时，联想到的应该是相对于大品牌的一个反面，如果大企业创建的是大品牌的话，那么个人创建的，或者是微商创建的，就是微品牌。

如果抛开时代创造的机遇和起步平台，单纯从词语的角度说，相

对于“淘品牌”，我更喜欢大家创建“微品牌”，这才符合个人创业力所能及的事。

有了微信工具，有了微商机遇，个人有实现创建微品牌的用武之地了。所以，从某种意义上说，微品牌就是个人创建的产品品牌，因为个人也有人品品牌——就是人名或笔名、绰号等。我身边就有不少朋友，发起人就是个人，起码不是大集团大企业，立足微商创建了微品牌。前面讲的三里人家黑糖，还有像张药师阿胶糕，都是个人创建的，因为是知根知底，没有觉得这些产品和品牌有多么高大上，相反，给人的感觉是踏实、放心。

未来微信会把人从 N 个维度分割开来，又聚集起来，每一个维度都是一个结合点，比如兴趣、爱好或者工作、生活，任何一个共同点都可能是一个维度，例如喜欢太极的人，育儿的人，孩子同一个班的家长会，同学会，同一个地方的，同一个地方在某个城市的，都有可能被聚集到一个群里，形成社群。每一个服务一个或多个社群的产品都可以是一个微品牌，只要彼此信任即可，不需要做得很大，不需要也没能力服务所有人，在当今信任缺失的时代，微品牌有它的用武之地。

很多时候我们感叹买不到好东西，买不到放心的东西。比如在淘宝上买，当你相信销量的时候销量可以刷，当你相信评价的时候评价可以造假，我们总不能把所有产品都买回来挨个试一遍吧。而且，当前淘宝的竞争方式已存在种种问题，认真做产品的做好质量产品的，因为价格等因素，没有排名，没有流量，几乎要活不下去。微商以及微品牌让愿意做靠谱产品的人看到了曙光，也让愿意为好产品买单的人看到了希望。

如果微商和微品牌仅仅能够让民间很多好的产品活下去，流传开来，那也是功德无量了。别的标准化的领域不说，就说农产品、美食、手工艺品、手艺活等，不必要什么专家推荐，我们这个社群里的人都去看过、用过、试过、信得过，这个微品牌就是我们这个社群专享专用的，有何不可？

如果建立在这种设想下的微品牌遍地开花，老百姓一定过得更开心，起码不用担心毒食品以及买不到真东西了。期待有更多的靠谱的，有人品的个人，用自己的人格做担保，做更多的微品牌出来。

Section 4.10 人人都可以做微商赚钱

对于“淘宝转微商”这个主题来说，行文至此，我们认为任务已经完成了。首先，淘宝客户已经转到微信成客户粉丝了；第二，微品牌建立起来了；最后，代理体系也搭建起来了。可以说，不仅从淘宝电商转变成了微商，还华丽地升级了，之前没敢做的淘品牌，现在可能直接升级为微品牌了，而且还把代理体系搭建起来了，可以说转型非常成功。

如果一切都顺利，在手里拥有几万名客户的情况下，仅开一次招商会，就可能收回一大笔款项，比自己卖货做爆款快多了。但是，接下来又会有新的问题出现，因为对于代理模式来说，把货压给分销商并不等于这些货都被消费掉，它们还在流通领域，只有底层代理能把货卖到消费者手里，或自己消费或送人，这才是最终的胜利。

那么，底层的代理商能不能把货卖出去呢？这就需要有一套销售技术培训。经过培训后，事实上，人人都可以做微商赚钱，更何况是职业微商呢！

怎么把一个普通的微信用户培训成拥有赚钱能力的微商呢？这需要学习，需要转变观念，需要突破自己，要进行一定的训练。先从熟人开始收钱找感觉，比如我们玩过游戏，在1个小时内，不许借钱，看谁能用微信收到的钱最多，结果第一名在一个小时内收了7000多元。有卖产品的，有以生日名义要红包的，有让人赞助的，有为项目众筹钱的……只要收到钱的，都有一个体会，那就是微信通信录里的好友都可以发生经济关系，并不是不能谈钱。最后他们惊呼：微信真的可以收钱！微信真的可以赚钱！这是观念的转变，也是信心的建立，从熟人再到陌生人，从强关系介绍到弱关系，一步一步训练，人人都可以通过微信赚钱，这一整套的加粉、培养信任、贡献价值、促销等细节，已经超出了本书的范围，留到《人人都可以做微商赚钱》一书中再讲解吧！

我推荐的微信营销相关书籍：

1. 《微信加粉秘籍 99 招》夫子编著

2. 《微商生意经》伏羲后人 编著